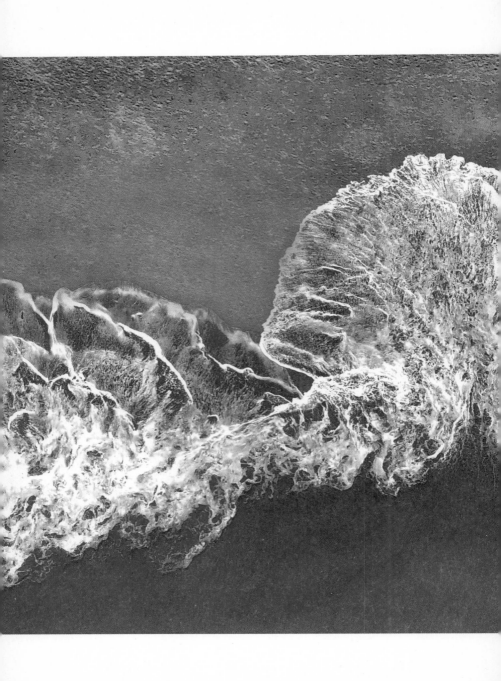

나는 넘어질 때마다
일어서면서 인생을 배웠다

나는 넘어질 때마다
일어서면서 인생을 배웠다

데이비드 시버리 지음 · **김태훈** 옮김

흥익출판사

1.

삶을 둘러싼 복잡한 문제들에 둘러싸여 편안히 잠들 수 없을 때가 있다. 아무리 잠을 자려고 해도 눈을 붙일 수 없었던 그때의 고통을 당신은 어떻게 기억하고 있는가?

그때 당신은 길을 걷다가 삶이 주는 무게를 견디지 못하고 문득 멈춰 서서 울음을 삼켰거나 한밤중에 창가에 서서 텅 빈 하늘을 정신없이 바라보며 쓰디쓴 한숨을 뱉었을지 모른다.

그때 너무도 많은 생각들이 머릿속을 가득 채웠을 것이다. 산다는 건 도대체 무엇인가? 진정한 행복은 어떻게 찾을 수 있을까? 어째서 누구는 운이 좋고, 누구는 불운이 이어지는가?

삶의 무게를 감당하려면 어찌해야 하는지 가르쳐줄 사람은 누구인가? 어떻게 하면 내 삶이 더 가벼워지고, 더 재미있어질까? 수많은 물음표 앞에서 답을 찾지 못해 방황하던 불면의 그 밤에, 당신은 무슨 결론을 얻어냈는가?

　미국의 심리학자 윌리엄 제임스^{William James}는 바로 이런 때 우리가 취할 태도가 무엇인지 가르쳐준다.

　"너의 심장이 하는 말에 귀를 기울여라."

　마음의 소리를 들을 줄 아는 사람이 되라는 충고다. 그렇다. 우리가 겪는 마음의 고통에 대한 답은 자신의 목소리에 귀를 기울이면 대부분 찾을 수 있다. 윌리엄 제임스의 말은 이렇게 이어진다.

　"너를 지탱하는 힘은 너의 심장으로부터 시작된다는 사실을 잊지 마라."

　나를 온전히 나 자신일 수 있게 만드는 힘은 외부의 그 무엇이 아니라 나의 마음으로부터 시작된다는 가르침이다. 당신은 얼마나 자주 심장이 하는 말에 귀를 기울이고 있나?

　나는 이 책에서 당신이 화려하고 달콤한 인생의 주인공이 될 거라는 장밋빛 약속을 하지 않겠다. 단지 당신의 심장이

하는 말에 귀를 기울임으로써 자신만의 길을 찾게 하는 데 도움을 주려고 한다. 영국 정치가 벤자민 디즈레일리^{Benjamin Disraeli}는 이렇게 말한다.

"인간은 환경으로부터 만들어진 창조물이 아니다. 오히려 환경이 인간에 의해 만들어진 창조물이다."

이 한 문장이 이 책에 담긴 철학을 대변한다. 위대한 삶을 살았던 사람들을 보면 뚜렷한 공통점이 있다. 어떤 환경에 처했더라도 절대로 포기하지 않고 마침내 세상을 자기 것으로 만들었다는 점이다.

그들은 자신만의 특별한 목적을 이루기 위해 착실히 계획을 세우고 구체적으로 실천해나갔다. 이루고자 하는 목표는 제각기 달랐지만 목적을 이루려는 열망과 집요함은 하나같았다. 그러는 동안 그들이 흘렸을 피눈물에 대해, 당신은 얼마나 알고 있는가?

우리가 성공한 사람들의 삶에서 깨달음을 얻기 위해서

는 급박하게 돌아가는 일상을 잠시 멈추고 차분히 생각해보면 답은 명백해진다. 우리의 내면에 삶의 무게로 인한 스트레스가 가득하니 해결책 역시 우리 내면에서 찾아야 한다는 것이다.

그러기 위해서는 자신의 열망을 제대로 알고, 그것을 체계 있게 조직화하여 자기만의 목적을 달성하는 데 활용하자.

이 책에는 인생의 무게로부터 자유로워져서 긴장감이나 불안감을 떨치고 살아가는 기술들이 소개된다. 이런 기술은 당신이 살아가는 데 당연히 큰 도움이 되지만, 그것만으로는 충분하지 않다. 이 책에서 소개하는 방법을 바탕으로 더 많은 경험과 지식을 결합하여 당신만의 삶의 기술을 새로 만들기 바란다.

1장

나는 힘든 상황에서
어떤 선택을 해왔나?

그대 앞에 수많은 길들이 열려 있을 때,
그리고 어느 길을 선택해야 할지 알 수 없을 때,
되는대로 아무 길이나 들어서지 말고 가만히 앉아서 기다려라.
그대가 세상에 나오던 날 내쉬었던 깊은 숨을 들이쉬며
기다리고 또 기다려라. 그대 마음속의 소리에 귀를 기울여라.
그러다 마음이 그대에게 이야기할 때, 마음 가는 곳으로 가라.

_ 수산나 타마로Susanna Tamaro

나는 스스로를
어떻게 평가하고 있나?

최근 들어 현대인의 정신건강과 관련해서 이해가 되지 않는 현상을 목격하곤 한다. 일부 정신의학자와 심리학자, 교육자들이 합세해서 요즘 젊은이들이 무분별한 쾌락 추구에 매몰되고 무기력증이나 신경증 같이 정신적인 퇴행을 거듭한다고 지적하면서, 그 해결책으로 '현실로 돌아오라'는 충고하고 있는 게 그것이다.

그들이 말하는 '현실'은 대체 어디에 있는 무엇을 가리키는 것일까? 내가 보기에 오늘의 사회구조는 전혀 정상적인 상태가 아니다. 기술은 놀랍도록 진보된 반면에 인간의 본성을 다루는 지식은 비극적일 만큼 결여되었다.

그런 판국에 현실로 돌아가 관습에 적응하라는 조언은, 그보다 먼저 인간적 본성에 대한 이해가 앞서야 한다는 사실을 간과하고 있다고 생각한다.

그 결과 많은 사람들이 현실로 돌아오라는 조언을 단순히 허둥지둥 서두르는 삶으로 돌아가 시대 흐름에 편승하라는 뜻으로 받아들이고 있다. '일하러 나가라', '할 수 있다면 돈을 최대한 많이 벌어라', '세상에 뛰어들어 수단과 방법을 가리지 말고 너만의 욕망을 펼쳐라' 같은 뜻으로 알아듣는다는 얘기다.

그렇기에 요즘 젊은이들의 인생 목표는 오로지 물질적인 성공이나 권력을 얻는 일에만 있다는 식으로 도식화되어 있다. 생존경쟁에서 이기려면 결과만 중요하지 과정은 볼 것도 없다는 식이다. 과연 그게 정답일까?

나는 현대인들 모두가 첨단문명의 이기 앞에서 폭탄을 갖고 노는 아이들과 같다고 생각한다. 그만큼 기술의 진보에 따른 변화를 따라잡지 못하고 인간다움을 상실하고 있다는 뜻이다. 답은 분명하다. 우리 삶의 문제를 비롯한 다양한 물음표들에 지혜롭게 대답하는 법을 배워야 한다.

칠흑같이 어두운 밤에도 능숙하게 비행기를 조종할 줄 아는 사람이 결혼과 양육을 둘러싼 안개는 헤쳐 나갈 방법을 모르는 경우가 있다. 수학이나 물리학에 능숙한 과학자들이 정신적인 문제와 관련해서는 더하기 빼기 같은 간단한 문제조차 풀지 못하는 경우가 있다.

이 모든 문제는 참된 삶을 위해 반드시 필요한 덧셈과 뺄셈, 곱셈과 나눗셈 같은 기초를 배우지 않았기 때문이다. 초등학교 저학년 과정에서 배우는 단순한 셈법을 건너뛰고 미적분을 풀 수는 없는 것과 마찬가지로, 삶의 기본을 배우지 못하면 제 아무리 많은 재산을 모은다 해도 삶은 그저 공허할 뿐이다.

만약 당신도 이처럼 매사에 허둥대며 살고 있다면 당장 초등학교 수학 문제를 풀듯이 가장 기본적인 생활 습관으로 돌아가야 한다. 그러기 위해 반드시 해야 할 일이 있다. 내가 누구이고, 지금 어디쯤 와 있는지를 확실하게 인식하는 것이다.

다음에 나오는 설문은 다양하게 전개되는 상황에서 당신이 어떤 선택을 해왔는지를 알게 하고, 그동안의 생각 습관과 행동 패턴을 바꾸는 데 전환의 계기를 줄 것이다.

이 설문을 통해 당신은 삶의 효과적인 균형을 이루기 위해 자신의 강점과 약점을 돌아보는 시간을 갖게 되고, 그 결과 어느 부분을 더 노력하면 보다 훌륭한 결과를 얻을 수 있을지 답을 찾게 될 것이다.

최대한 신중하게 답을 작성하라. 각 문항에 대한 진지하고 솔직한 태도가 필요하다. 해당하는 정도에 따라 0점에서 10점까지 자기에 맞는 점수를 솔직하게 매겨라. 예를 들어 10점 만점에 중간 정도라면 5점을, 그보다 위나 아래라면 이를 감안하여 점수를 매기면 된다.

1. 일을 할 때 성급하게 결론을 내린다.

2. 문제가 생기면 일단 편한 쪽으로 생각한다.

3. 첫인상을 신뢰한다.

4. 무슨 일에도 일단 압박감을 느낀다.

5. 일을 미루고 쌓아두는 편이다.

6. 정리정돈 없이 혼란스럽게 생활하는 편이다.

7. 항상 피로감에 시달린다.

8. 하는 일이 뒤죽박죽일 때가 많다.

9. 항상 초조와 불안에 시달린다.

10. 의욕이 부족하고 목표의식도 분명하지 않다.

11. 한 번 결정한 것을 자주 뒤집는 편이다.

12. 발걸음을 가로막는 난관을 원망하며 주저앉는다.

13. 오늘 할 일을 내일로 미루는 편이다.

14. 별다른 계획 없이 내키는 대로 행하는 편이다.

15. 구체적 계획 없이 마구 일을 진행하는 편이다.

16. 목전의 상황을 신중하게 분석하지 않는다.

17. 현재 상황에 지나치게 얽매인다.

나는 넘어질 때마다 일어서면서 인생을 배웠다

18. 쉽게 불안해진다.

19. 생각이 많고 결정이 늦다.

20. 종종 뭔가에 강요당하는 느낌을 받는다.

21. 남들에 비해 공정한 기회를 얻지 못한다고 느낀다.

22. 인정받지 못한다고 느낀다.

23. 자주 부정적인 생각에 사로잡힌다.

24. 하루하루 주어진 일을 하기에 급급하다.

25. 생각에 두서가 없다.

26. 현재의 환경 조건에 발이 묶일 때가 많다.

27. 앞을 가로막는 애로사항과 적당히 타협하곤 한다.

28. 고생을 더해야 한다고 생각할 때가 있다.

29. 중요한 일을 어림짐작으로 대충 할 때가 많다.

30. 임시방편의 미봉책을 자주 쓴다.

31. 강제적인 일을 곧이곧대로 받아들인다.

32. 이유 없이 자주 짜증이 난다.

33. 사정이 악화되도록 그냥 놔둘 때가 많다.

34. 어떤 일도 견딜 수 없다고 생각한다.

35. 주의가 몹시 산만하다.

36. 느긋한 경우가 드물다.

37. 삶의 문제들을 제대로 이해하지 못한다고 느낀다.

38. 인생이 고난이라고 생각한다.

39. 자주 잠을 설친다.

40. 문제에 대안을 세우지 않고 그냥 버틸 때가 많다.

41. 결과에 그냥 만족할 때가 많다.

42. 자주 포기한다.

43. 우연에 기대어 일하는 편이다.

44. 곧잘 체념한다.

45. 닥치는 대로 선택하는 경우가 많다.

46. 일상에 무질서한 경우가 많다.

47. 추진하는 일이 지연되는 경우가 많다.

48. 운에 의존하는 편이다.

49. 종종 좌절한다.

50. 가끔 탈진한 느낌이 든다.

총점

나는 넘어질 때마다 일어서면서 인생을 배웠다

《 분석표 》

1) 400점대 중반~500점대

400점대 중반을 넘어 500점대에 가깝다면 극단적인 혼란 상태에서 근근이 살아가고 있다는 뜻이다. 이런 경우엔 삶이 대단히 무의미하다고 느껴서 살아갈 의욕은커녕 하루하루 연명하는 것조차 힘겹다.

2) 300점대 후반에서 400점대 중반

300점대 후반에서 400점대 중반이라면 아무 생각 없이 닥치는 대로 산다는 뜻이다. 목적의식을 상실한 채 이리저리 휘둘리는 삶으로 일관하다 보니 항상 실패와 좌절을 겪으며 살아간다.

3) 200점대 후반에서 300점대 중반

200점대 후반에서 300점대 중반까지는 삶에 대한 준비가 부족하다는 뜻이다. 따라서 재고의 여지없이 낙제점에 해당하는 인생을 살고 있다는 뜻으로, 지금이라도 진지하게 자신을 돌아보고 새로운 인생계획표를 작성할 필요가 있다.

4) 100점대 후반에서 200점대 중반

정직하게 평가한 결과 100점대 후반에서 200점대 중반이 나왔다면 신중한 계획을 세우고 살아가는 쪽으로 전환하는 중이라는 뜻이다. 하지만 이때 여기서 반드시 넘어야 할 산이 있다.

사람은 아무래도 자기 자신에게 관대한 편이다. 그러니 주변의 지인들에게 똑같은 설문지를 주고 당신에 대해 평가하도록 요청한 다음 스스로 매긴 점수와 비교해보라. 그러면 어느 부분을 개선하면 더 나은 삶을 이룰 수 있을지 답을 찾게 될 것이다.

5) 100점대 이하

100점대 이하라면 아주 건강하고, 즐겁고 성공적인 삶을 살고 있어서 주위사람들이 당신의 활력과 젊은 기운, 재치와 지혜, 역동적인 성격에 감탄할 것이다.

이것이 바로 성공자들의 전형적인 모습으로, 당신이 그런 사람들의 대열에 있다는 뜻이다. 여기까지 오는 동안 이런 생활 패턴을 계속 유지하기 위해 엄청나게 노력했을 당신에게 경의를 표한다. 그러나 여기서 만족하지 말고 더 나은 삶이 될 수 있도록 노력하기 바란다.

다만, 주변의 지인들에게 똑같은 설문지를 주고 당신에 대해 평가하도록 요청한 다음 스스로 매긴 점수와 비교해보는 걸 잊지 마라. 그러면 자신에 대해 관대한 평가를 내렸던 부분을 고칠 수 있는 계기가 될 것이다.

인생의 무게로부터
자유로워지는 법

이제 당신의 생각 습관과 행동 패턴에서 긍정적인 측면을 확인할 차례다. 그래야 부정적인 측면과 비교해서 견제와 균형을 통해 최종적인 결론에 도달할 수 있다.

어떤 문제에 부딪쳤을 때 A라는 사람은 눈에 보이는 현상만을 보고 자신의 행동을 결정한다. '아, 힘들겠구나. 이 정도로는 안 된다는 뜻인가? 나는 틀렸어…….' 이런 태도는 부정적인 사람의 전형적인 모습이다.

그러나 B는 다르다. 문제의 이면에 도사린 전혀 다른 진실을 보려고 한다. 헝클어진 실타래 안에 모습을 감추고 있을 진짜를 확인하기 위해 다시 힘을 내어 도전하는 것이다.

'또 실패하면 어떻게 되냐고? 그래봤자 달라질 게 뭔가? 그 정도로는 안 된다는 걸 확실하게 알았으니, 이제 비로소 다른 방법을 찾으면 된다.' 이것이 긍정적인 사람들이 보이는 전형적인 모습이다.

　다음에 제시되는 50개 문항을 찬찬히 읽고, 앞의 설문과 마찬가지로 신중하고 솔직하게 자신을 평가해보자. 해당하는 정도에 따라 0점에서 10점까지 솔직하게 점수를 매겨라. 예를 들어 10점 만점에 중간 정도라면 5점을, 그보다 위나 아래라면 이를 감안하여 점수를 매기면 된다.

1. 일할 때는 누구보다 열심히 한다.

2. 윗사람의 말을 신중하게 듣는다.

3. 실패한 후에도 다시 일어나 시도한다.

4. 매사에 진지하게 임한다.

5. 다른 사람의 주장을 충분히 고려한다.

6. 상대의 나쁜 첫인상이 앞으로 변화되기를 기다린다.

7. 압력에 굴복하지 않는다.

8. 계획한 시간 안에 일을 끝낸다.

9. 문제에 집중하고 신중하게 결과를 낸다.

10. 과로를 피할 방법을 찾는다.

11. 중요한 가치에 집중한다.

12. 일할 때 의욕을 일으킬 계기를 스스로 만든다.

13. 한 번 결정한 일은 끝까지 고수한다.

14. 짜증나는 일은 금세 잊어버리고 계속 나아간다.

15. 내 힘으로 할 수 없는 일에 연연하지 않는다.

16. 논리적으로 노력할 방향을 정한다.

17. 핑계를 대지 않고 잘못을 바로잡는다.

18. 나만의 신념과 의지를 지켜나갈 방법을 찾는다.

19. 적절한 휴식을 취한다.

20. 항상 새로운 방법을 모색하는 편이다.

21. 스스로 일을 계획하고 그대로 수행한다.

22. 감정을 배제하고 상황을 평가한다.

23. 동료들과 부담을 나눈다.

24. 결과의 질적인 면을 평가한다.

25. 결과의 양적인 면을 측정한다.

26. 주위 사람의 장점이 무엇인지 파악한다.

27. 끊임없이 또 다른 상황을 찾아본다.

28. 현실을 냉정하게 분석하는 편이다.

29. 일의 목적을 확실하게 파악한다.

30. 어떤 일에 누가 적격인지 파악한다.

31. 세부사항을 종합하여 결론을 낸다.

32. 항상 맑은 정신을 유지하려고 노력한다.

33. 예상하는 성과를 이루려고 최선을 다한다.

34. 일의 추세를 항상 분석한다.

나는 넘어질 때마다 일어서면서 인생을 배웠다

35. 과정을 중시한다.

36. 내 생각을 항상 객관화한다.

37. 일의 핵심가치를 분명히 파악한다.

38. 일의 부수적인 가치를 평가한다.

39. 운에 의존하지 않는다.

40. 독자적인 추진보다 타인과의 협력을 중시한다.

41. 문제가 생기면 타개할 방법을 찾는다.

42. 목표를 이루기 위해 소소한 불편을 감수한다.

43. 사소한 걱정거리는 무시한다.

44. 타인의 도움이 있든 없든 앞으로 나아간다.

45. 과제를 단순화해서 일하는 편이다.

46. 나름의 목표를 별도로 세워둔다.

47. 긴장 푸는 법을 스스로 개발해서 연습한다.

48. 일손을 아끼는 수단을 개발한다.

49. 나름의 삶의 철학을 추구한다.

50. 항상 좋은 기분이 되도록 노력한다.

총점

《 분석표 》

1) 400점대 중반 ~ 500점대

400점대 중반을 넘어 500점대에 가깝게 점수를 받았다면 매우 침착하고 건강한 사람으로, 그만큼 즐겁고 행복한 삶의 주인공으로 살아가고 있다는 뜻이다. 이런 성품을 타고나는 사람은 없다. 부단히도 노력했을 것이다. 여기서 만족하지 말고 더 훌륭한 인생이 되도록 스스로를 단련시키기 바란다.

2) 300점대 후반에서 400점대 중반

300점대 후반에서 400점대 중반까지는 무난한 점수로, 이런 사람은 자기 삶을 순조롭게 제어할 수 있다는 뜻이다. 자신이 진정으로 원하는 사람이 되기 위해 500점대를 향해 더욱 정진하기 바란다.

3) 200점대

200점대라면 무척 걱정스러운 수준이다. 이런 사람은 삶이 현재 환경에 통제당하고 있다는 뜻으로, 주변의 지인들에게 자신에 대한 설문을 객관적으로 작성하도록 요청한 다음에 자신의 점수와 비교해보기 바란다. 그러면 어느 부분을 개선하면 더 나은 삶을 이룰 수 있을지 답을 찾을 수 있을 것이다.

4) 100점 이하

문제는 100점 이하인 경우다. 당장 의사와 상담할 필요가 있다. 이런 사람은 비루하게 살아갈 확률이 아주 높은 타입이기 때문이다. 이런 사람은 살아가는 방식을 근본부터 바꿀 수 있도록 심각하게 고민해야 한다. 자칫하다가는 평생을 이런 식으로 밑바닥을 전전하며 살게 될 것이기 때문이다.

5) 분석하기

마지막으로 앞장에 나오는 설문과 이번 장의 설문에서 가장 점수가 낮은 항목 10개를 추려내어 긍정적인 부분과 부정적인 부분을 비교 분석해보라. 그러면 자신의 약점과 강점이 드러날 것이다.

지금까지의 설문을 통해 당신만의 삶의 목표를 더 열심히 추구하겠다는 생각이 들었다면, 이제 의미 있는 도전을 시작한 것이 된다. 이런 식으로 당신이 살아가는 습관이나 양상을 하나하나 확인하는 것이 인생의 무게가 가벼워지는 첫 번째 기술이다.

내가 원하는
나의 진짜 모습

'암시suggestion'는 원래 심리학에서 나온 용어로, '신념이나 행동에 있어서 상대가 무비판적으로 반응하도록 유도하는 과정'을 뜻한다.

심리학자들은 암시에는 사람의 행동을 무의식적으로 규정하는 힘이 있다고 말한다. 예를 들어 날마다 '건강해 보이는군요!', '안색이 참 좋으시네요!'라는 말을 들으면 실제로 건강해지거나 가벼운 병에 걸렸다면 병이 저절로 낫는 일도 있다는 것이다.

이와는 반대로 '몸이 불편하신가요?', '안색이 몹시 안 좋으세요!' 라는 말을 되풀이해서 들으면 정말로 기운이 떨어진다. 앞의 것은 긍정암시, 뒤의 것은 부정암시라 부른다.

이와 관련해서 재미있는 이야기가 전해진다. 어느 마을에 세상에 둘도 없는 게으름뱅이가 살았다. 그런 모습이 보기 싫었던 마을사람들이 합심해서 그를 골탕을 먹이기로 했다. 어느 날 아침, 우편배달부가 말했다.

"자네 오늘 몸이 안 좋은가?"

"아닌데요. 괜찮은데요."

"무척 아파 보이는데? 얼른 병원에 가보게. 내가 보기엔 틀림없이 병에 걸린 것 같은데."

기분이 상한 게으름뱅이가 얼른 자리를 피해 얼마쯤 걸어가는데 이번엔 식품점 주인이 말을 했다.

"세상에! 자네 얼굴이 왜 그런가? 아주 누렇게 떴어! 혹시 간에 병이 난 게 아닐까? 당장 병원에 가보게!"

게으름뱅이는 사람들의 말을 애써 무시하려고 했지만, 걱정 어린 조언들이 거듭되자 슬슬 불안해지기 시작했다. 그 뒤로도 그는 매일같이 가는 곳마다 똑같은 말을 들었다. 그렇게 일주일 이상이나 같은 일이 반복되자, 그는 걱정과 두려움의 무게에 짓눌려 시름시름 앓게 되었다. 내가 정말 죽을병에라도 걸린 게 아닐까? 이러다 죽을 지도 모르는데 나만 모르고 있는 게 아닐까?

그는 참다못해 퀭한 눈으로 병원을 찾았다. 마을사람들의 장난을 모르는 의사는 그가 심하게 말을 더듬고 고열에 시달리고 있는 걸 보고는 한 움큼의 약을 처방해주면서 몇 가지 주의사항을 알려주었다.

의사가 걱정 어린 표정으로 이렇게 많은 약을 처방하고 주의하라고 경고까지 하니 이제 게으름뱅이의 두려움은 현실이 되었다. 그날부터 그는 죽을 날을 받아놓은 중환자처럼 본격적으로 자리에 누워 끙끙 앓기 시작했다.

이 에피소드는 사람의 심리가 주변의 말이나 환경에 얼마나 크게 영향을 받는지를 말해줄 뿐만 아니라 누구도 타자암시로부터 자유로울 수 없다는 사실도 가르쳐준다. 이런 경험이 없는지, 당신의 삶을 돌아보라.

사실 우리는 유년시절과 청소년기를 거치면서 대단히 심각한 방식으로 타자암시에 시달려왔다. 부모, 형제, 이웃, 친구, 교사들이 하나같이 힘을 합쳐서 당신에게 부정적인 암시를 퍼부었을 것이다.

"넌 틀렸어!"

"너에겐 해당되지 않는 이야기니 관심 꺼!"

"너 같은 사람은 가망 없어. 그러고도 사회생활을 잘해나갈 수 있겠어? 너 같이 무능한 사람은 처음이야……."

문제는, 이런 악담의 노예가 된 사람들은 온갖 형태의 스트레스에 시달리는 삶을 이어가게 된다는 것이다.

타자암시 문제를 자세히 살펴보면, 그동안 당신이 들어온 많은 말들이 매우 선동적인 형태를 띤다는 사실을 알게 된다. 그들이 어떻게든 당신에게 영향을 미쳐 자기들 뜻대로 조종하려는 저의를 품고 있다.

이런 언어폭력은 어디에서든 자행되고 있다. 회사, 학교, 동아리, 심지어 가정에서 부모가 아이들에게 최악의 타자암시를 퍼붓는 경우도 있다.

아래 나오는 각 항목을 읽고 0점부터 10점까지 해당하는 정도에 따라 점수를 매겨라. 주위사람들로부터 해당되는 말을 얼마나 자주 듣고 있는지, 그들의 언행에 얼마나 영향을 받는다고 생각하는지를 측정하면 된다.

1. 너는 의욕이 너무 지나쳐.

2. 지금은 그럴 때가 아니야.

3. 너는 그냥 가만히 있는 게 나아.

4. 너한테는 사고가 너무 많이 일어나.

5. 대부분의 결혼은 이혼으로 끝나지.

6. 이러다 곧 파산할 거야.

7. 그런 위험을 감수할 필요가 없어.

8. 난관이 너무 많아.

9. 너무 어려운 일이야.

10. 누군가는 아니라고 말해줘야 해.

11. 너 때문에 너무 걱정이 된다.

12. 너무 과신하지 마.

13. 네가 뭐라고 생각해?

14. 너는 너무 나약해.

15. 네 모습은 보기에 너무 좋지 않아.

16. 넌 항상 신경이 곤두서 있어.

17. 요즘은 사방에 병균이 득실거리고 있어.

나는 넘어질 때마다 일어서면서 인생을 배웠다

18. 얼마나 위험한지 생각 좀 해봐.

19. 돈을 잃기는 정말 쉬워.

20. 너는 너무 들떠 있어.

21. 누군가는 널 자제시켜야 해.

22. 네가 해낼 것 같지 않아.

23. 실패하면 너무 수치스러워.

24. 넌 사람들로부터 너무 많은 사랑을 원해.

25. 넌 온통 핑계뿐이야.

26. 이제는 좀 성숙해져야 해.

27. 어쩌면 그렇게 멍청하니?

28. 널 도와줘봐야 표시도 안 나.

29. 언젠가는 후회할 거야.

30. 사람들이 뭐라고 하겠니?

31. 하고 싶다고 다 할 수 있는 게 아니야.

32. 누구도 그런 일은 하지 않아.

33. 왜 그렇게 고집이 세지?

34. 그렇게 멍청한 말은 처음 들어봐.

35. 정말 큰 실수를 하는 거야.

36. 도대체 말귀를 못 알아듣는군.

37. 네 생각은 너무 불합리해.

38. 네 친구들이 마음에 안 들어.

39. 뭐든지 가능하다고 생각해?

40. 네가 너무 부끄러워.

41. 너는 권위를 존중하지 않아.

42. 단지 널 도우려는 거야.

43. 너처럼 태평한 사람은 처음 봤어.

44. 넌 자격이 안 되는 인간이야.

45. 그러면 사람들이 싫어할 거야.

46. 넌 항상 너만 생각해.

47. 요즘은 누구도 믿으면 안 된다.

48. 넌 너무 경험이 부족해.

49. 사람들의 평판은 신경 쓰지 않는 거야?

50. 의무를 다해야 해.

총점

나는 넘어질 때마다 일어서면서 인생을 배웠다

《 분석표 》

1) 400점대 중반 ~ 500점대

400점대 중반에서 500점대에 가까운 점수를 받은 사람은 주변의 말에 너무도 크게 영향을 받고 있다는 뜻이다. 이런 태도는 잦은 실패와 좌절로 인해 정신건강의 문제로 이어진다. 불행하게도 당신이 여기에 속한다면 즉시 의사나 심리전문가를 만나 상담해보기 바란다.

2) 300점대 중반 ~ 400점대 중반

300점대 중반에서 400점대 중반까지는 타자암시에 대한 반응이 심각한 상태로 인생의 큰 변화를 만들어내지 않으면 500점대를 향해 광속으로 질주할 수 있다. 이런 사람은 긍정적인 방향으로 발전하기보다는 부정적인 쪽으로 추락하기 십상인데, 자기 인생을 방치하기 싫다면 대단한 각오와 그만한 노력이 뒤따라야 한다.

3) 200점대 중반 ~ 300점대 중반

200점대 중반에서 300점대 중반에 해당하는 점수는 여전히 사람들의 말에 크게 상처받는다는 걸 의미한다. 자신의 정체성에 관한 고민과 보다 확고한 미래 비전을 찾아 적극적으로 나아가는 자세가 필요하다.

4) 200점대 중반 이하

200점대 중반 이하는 독립적인 사고를 유지하기 위해 노력하는 사람이라는 뜻이다. 건강한 생활 태도로 끊임없이 자아개발을 하는 사람으로, 주위사람들로부터 호감을 얻고 있다.

5) 100점대 이하

100점대 이하는 세상의 부정적인 영향으로부터 무척 자유롭게 살아간다는 뜻이다. 독립적이고 활기차게 살아가기 위해서는 자아를 지키는 방어전선을 더욱 튼튼히 구축해야 한다.

그런가 하면 자신에게 스스로 부정적인 암시를 던지는 습관이 있는지를 점검하는 일도 중요하다. 자기 자신을 비난하고 멸시하는 습관이 있는 사람이 대개 그렇다.

　당신이 만약 다음 설문에 열거된 생각들에 자주 빠지면서 실패와 불행을 겪고 있다면, 그 원인의 큰 부분이 부정적 자기암시의 결과일지 모르니 시급하게 자가진단을 해보기 바란다.

　모든 결과에는 그것을 일으킨 원인이 존재한다. 질병, 비극, 절망의 가장 흔한 원인 중 하나가 파괴적 자기암시를 반복하는 데 있다는 사실은 널리 알려져 있다.

　다음 항목들을 읽고 해당하는 정도에 따라 0점에서 10점까지 점수를 매겨라. 정확하게 같은 내용이 아니라도 비슷한 맥락의 생각이나 태도를 통해 부정적 자기암시가 얼마나 당신의 무의식을 장악하고 있는지 그 정도를 측정하는 데 목적이 있다.

1. 나한테는 절대 좋은 일이 생기지 않아.

2. 분명 효과가 없을 거야.

3. 세상이 엉망으로 돌아가고 있어.

4. 차라리 죽는 게 나을 거야.

5. 누구도 신경 쓰지 않는데 무슨 소용이야?

6. 결국엔 내가 해내지 못할 걸 알아.

7. 포기하는 게 낫다고 생각해.

8. 아침에 일어나서 기분이 좋았던 적이 없어.

9. 나한테는 그 무엇도 효과가 없어.

10. 결혼생활을 크게 기대하지 않아.

11. 나는 참 운이 나빠.

12. 일이 잘 풀릴 것 같지 않아.

13. 세상은 나에게 절대 관대하지 않아.

14. 나는 사람보다 애완견이 좋아.

15. 누구하고도 연애 감정이 오래 가지 않아.

16. 사랑? 웃기지 마. 그런 건 믿지 않아.

17. 행복은 내게 어울리지 않아.

18. 그렇게 열심히 노력할 필요가 없어.

19. 누구도 내게 고마워하지 않을 거야.

20. 나는 한 번도 고맙다는 말을 들어본 적이 없어.

21. 온통 걱정스러운 일뿐이야.

22. 나는 그런 말에 넘어가지 않아.

23. 난 항상 오해를 해.

24. 한 번도 원하는 대로 된 적이 없어.

25. 새로운 걸 시작하기에는 나이가 너무 많아.

26. 믿음은 내게 너무 감상적인 일이야.

27. 전혀 의욕이 생기지 않아.

28. 저런 건 싫어.

29. 문제가 끊이지 않아.

30. 신은 절대 날 돕지 않아.

31. 인생은 적당히 타협하는 것뿐이야.

32. 갈수록 상황이 나빠져.

33. 모두 내 탓이야.

34. 인생은 고난의 연속이야.

35. 나는 고생만 할 팔자야.

36. 사랑은 헛된 꿈이야.

37. 포기해도 별일 없을 거야.

38. 내게는 미래가 없어.

39. 희망을 품는 건 멍청한 짓이야.

40. 약속하는 건 쉬운 일이야.

41. 세상이 쓰레기장 같아.

42. 나한테는 온통 나쁜 일만 생겨.

43. 매일 피곤한 일뿐이야.

44. 인생은 노력할 가치가 없어.

45. 나는 절대로 성공하지 못할 거야.

46. 이제 포기할 거야.

47. 잠시도 쉴 수가 없어.

48. 갈수록 심신이 허약해져.

49. 한 번도 충분한 시간을 가진 적이 없어.

50. 어차피 신경 쓰는 사람도 없잖아?

총점

《 분석표 》

1) 500점에 가까운 점수

500점에 가까운 점수는 매사를 부정적으로 생각하는 습관에 길들여져 있어 스스로 실패를 불러들이는 타입임을 암시한다. 당장 전문가의 도움을 받지 않으면 수렁에 빠진 듯이 허우적대는 삶을 이어가야 한다.

2) 400점대에 가까운 점수

400점대에 가까운 점수는 지속적으로 자신을 괴롭히면서 삶의 가능성을 스스로 제한하고 있다는 뜻이다. 사태가 더 악화되기 전에 하루 빨리 전문가의 도움을 받아 더 이상 악화되는 상황을 막아야 한다.

3) 300점대에 가까운 점수

300점대에 가까운 점수는 부정적인 태도가 파괴적 성향으로 줄달음치고 있음을 말해준다. 이를 어떻게 억제하면서 바른 방향으로 살아갈지 고민해야 한다. 인생 선배나 같은 길을 걸었던 사람들을 찾아서 도움의 말을 청하는 등 노력하라.

4) 200점대

200점대 점수는 비관적인 수준은 아니지만 지속적으로 떠오르는 비관주의로부터 완전히 자유롭지 않은 상태다. 자칫 300점대로 치달을 염려가 있으니 긍정과 낙관에 주의해야 한다.

5) 100점 이하

100점 이하는 무난하고 긍정적인 태도를 견지하는 사람이라는 뜻이고, 50점대 이하라면 대단히 행복하고 건강한 생활을 누리고 있다는 뜻이다. 노력에 노력을 더해서 자신의 긍정적인 생활 습관을 유지 발전시킬 수 있도록 노력하라.

심리학자들은 긍정암시보다 부정암시가 훨씬 더 영향력이 커서 한번 부정적인 암시의 덫에 빠지게 되면 대책 없이 추락하게 된다고 말한다.

　　자신에 대한 긍정암시를 평생 동안 꾸준히 전달하는 것이 필요하다는 얘기다. 이것이 바로 너는 할 수 있다, 너는 능력자다, 너는 최고다 같은 말을 자녀에게 계속해서 전해줘야 하는 이유다. 그러면 아이는 할 수 있다는 자신감과 능력자라는 자부심, 그리고 나는 최고라는 자존감이 넘치는 사람이 된다.

2장

내 안에 있는
또 하나의 나

만일 세상의 모든 사람이 당신 같은 사람이 되고,
세상의 모든 사람이 당신처럼 산다면 이 세상은 낙원이 되리라고 생각하는가.
그렇다면 당신이 먼저 그런 사람이 되어야 하고, 또 그렇게 살아야 한다.

_ 필립스 브룩스Phillips Brooks

우리 삶은
아주 작은 것들로
이루어진다

—

긍정적인 암시를 통해 스스로 사기를 북돋으며 살아가는 사람이 있다. 반면에 자기 자신에게 끝없이 부정적인 암시를 보냄으로써 스스로를 망치는 사람도 있다. 당신은 어느 쪽인가?

성공하는 삶을 위해서는 의식적으로 의욕과 끈기를 강화하는 습관이 필요하고, 항상 좋은 컨디션과 정신 상태로 밝은 비전을 모색하는 태도도 필요하다.

주변에서 항상 불안에 짓눌려 사는 사람, 건강을 해칠 정도로 걱정이 많은 사람, 언제나 불행과 실패에 시달리는 사람들을 찾아보라. 그들에게는 긍정적 태도를 부정적 태도와 나란하게 두는 습관이 있음을 알게 된다.

그래서 그들은 좋은 일이 생기거나 의욕을 북돋는 말을

들으면 자진해서 두려움을 초래하는 패턴으로 돌아간다. 모든 긍정적 가치를 부정적 가치로 상쇄하는 이런 악습은 실패자들의 전형적인 패턴이다.

성공과 건강, 행복을 원한다면 바로 이런 나쁜 습관을 버려야 한다. 악을 이기는 것은 선이다. 파괴적인 경향을 정복하는 것은 건설적인 행동이다. 그러니 긍정적인 마음가짐을 기본으로 삼아라. 당신이 이런 일을 얼마나 잘하고 있는지를 알아보기 위해 다음 나오는 테스트를 실행하라.

각 항목을 읽고 해당하는 정도에 따라 0점에서 10점까지 점수를 매겨라. 정확하게 같은 내용이 아니라도 비슷한 맥락의 생각이나 태도를 통해 얼마나 건설적으로 살아가는지 그 정도를 측정하는 데 목적이 있다.

1. 행동하기 전에 생각을 먼저 할 거야.

2. 더 좋은 방안을 찾기 위해 노력할 거야.

3. 결과를 먼저 걱정하지 않을 거야.

4. 문제점이 드러나도 걱정하지 않을 거야.

5. 반드시 성공할 거야.

6. 조금씩 상황이 나아질 거야.

7. 내일 나는 더 나은 모습이 될 거야.

8. 최선을 다하는 게 최고야.

9. 세상이 도와줄 거야.

10. 해 뜨기 전이 가장 어두운 법이야.

11. 어려움은 반드시 지나가게 마련이야.

12. 논리적으로 계획하고 생각하며 실행할 거야.

13. 결과보다 과정이 더 중요해.

14. 항상 열린 자세를 유지할 거야.

15. 내 생각이 잘못된 것은 아닌지 항상 돌아볼 거야.

16. 진정한 나를 표현할 길을 찾을 거야.

17. 모든 것에서 좋은 면을 찾아내 받아들일 거야.

나는 넘어질 때마다 일어서면서 인생을 배웠다

18. 부정적인 말이나 비난에는 공감하지 않을 거야.

19. 항상 진심으로 임할 거야.

20. 성장하는 삶을 위해 항상 노력할 거야.

21. 모든 경험은 도움이 되는 측면이 있어.

22. 다른 사람은 물론이고 나에게도 솔직해질 거야.

23. 늙어가는 게 아니라 성숙해지는 거라고 생각할 거야.

24. 항상 성공하는 내 모습을 꿈꿀 거야.

25. 유머감각을 유지할 거야.

26. 삶에 대한 열정과 의욕을 유지할 거야.

27. 모든 일에 최선을 다하고, 결과를 받아들일 거야.

28. 부정적인 생각에 휘둘리지 않을 거야.

29. 다른 사람의 장점을 찾고 나쁜 점은 이해할 거야.

30. 모든 일에서 흥미로운 요소를 찾을 거야.

31. 나쁜 일은 좋은 일로 상쇄할 거야.

32. 생각하는 대로 된다고 믿을 거야.

33. 타협하는 것보다는 적응하고 조화시킬 거야.

34. 과감한 도전이 나의 좌우명이야.

35. 내 선택이 옳았다는 게 증명될 거야.

36. 독단에 빠지지 않을 거야.

37. 극단적인 결론은 피할 거야.

38. 항상 정신을 차리고 상황을 살필 거야.

39. 용기를 잃지 않을 거야.

40. 항상 도전할 거야.

41. 모든 경험에서 교훈을 찾을 거야.

42. 절대 결과에 매몰되지 않을 거야.

43. 항상 기본적인 예절을 지킬 거야.

44. 부지런하되 무리하지 않을 거야.

45. 조용히 끈기를 유지할 거야.

46. 열정을 추구할 거야.

47. 목적을 이루기 위해 노력할 거야.

48. 절대 자만하지 않을 거야.

49. 경험에서 성공의 방향을 찾을 거야.

50. 내 성향에 맞는 선택을 할 거야.

총점

나는 넘어질 때마다 일어서면서 인생을 배웠다

《 분석표 》

1) 500점에 가까운 점수

500점에 가까운 점수는 대단히 창조적이고 건설적인 마음가짐을 지녔으며, 아무리 힘든 일도 해낼 수 있는 사람이라는 뜻이다. 현실에서 이렇게 완벽한 사람은 찾아보기 힘들지만, 이런 수준에 이르기 위해 일상의 모든 영역에서 최선을 다해 노력하는 자세가 중요하다.

2) 400점에 가까운 점수

400점에 가까운 점수는 빼어난 침착성과 태도를 말해주기 때문에 성공의 기운이 넘친다는 뜻이다. 이 정도만 해도 훌륭하지만 더 적극적이고 긍정적인 존재가 되기 위해 노력할 필요가 있다.

3) 300점에 가까운 점수

300점에 가까운 점수도 평균 이상의 사람이지만, 여기에 만족하지 말고 더 나은 삶이 되도록 노력해야 한다. 400점대를 목표로 더 활기차게 살아갈 수 있도록 자신을 독려할 필요가 있다.

4) 200점대

200점대는 일반적인 수준에 못 미치는 사람이지만, 출발점에 와 있다는 뜻도 되니 300점대 수준으로 뛰어오를 수 있도록 자신을 더 채찍질하기 바란다.

5) 100점대

100점대는 건설적인 사고 습관에서 한참 멀어졌음을 뜻한다. 한 마디로 매사를 부정적으로 바라보며 자기 자신을 할퀴고 있다는 뜻이다. 이런 점수대의 사람은 더 나은 삶을 위해 분투하지 않으면 50점대 수준으로 추락하기 쉽다. 자기 자신을 심각하게 돌아보며 200점대 이상의 삶을 이루기 위해 노력해야 한다.

6) 50점 이하

50점 이하는 심각하다 못해 절망적인 수준이다. 점수만으로도 인생이 왜 그 모양인지, 왜 건강과 행복을 누릴 수 없는지를 여실히 말해준다. 가능한 한 빨리 의사와 상담하는 것이 좋다.

영국의 화학자 험프리 데이비Humphry Davy는 이런 말을 남겼다.

"인생이란 뭔가 대단한 희생이나 의무 같은 것들로 이루어진 게 아니다. 우리 삶은 오히려 아주 작은 것들로 이루어진다. 미소와 친절, 그리고 일상의 작은 의무와 습관적인 것들이 인생의 성공을 가져다주고, 행복을 지켜주는 것이다."

지속적으로 자기 자신을 향해 낙관주의와 긍정적인 암시를 쏟아 붓는 게 행복한 삶의 필수 과제라는 말이다. 이런 습관들이 걱정이나 불안을 떨치는 지름길이자 인생의 무게가 가벼워지는 두 번째 기술이다.

CHATPER

05

지렛대 원리를 모르는
원시인처럼

살아가면서 겪는 모든 일들은 하나같이 삶의 일부가 되어 우리의 몸과 마음에 차곡차곡 쌓인다. 그런데 그런 일들 중 일부는 삶의 뿌리를 뒤흔들 정도로 날카로운 발톱을 세우고 우리를 고통에 빠뜨린다.

당신은 험상궂은 표정으로 덤벼드는 인생의 문제들에 어떻게 맞서왔는가? 항상 똑같이 반복되는 일상에 지친 나머지 삶 자체에 염증을 느낀 적은 없는가? 아무리 잊으려고 애를 써도 찰거머리처럼 달라붙는 고민들에 가슴을 쥐어뜯은 일은 또 얼마나 되는가?

사람은 누구나 세상 그 무엇에도 얽매이지 않고 살아갈 권리가 있다. 하지만 세상이 정한 규범이나 나보다 높은 위치에 있는 사람들의 요구에서 벗어나 온전히 자유를 만끽하며 살아가는 사람은 얼마 되지 않는다.

우리가 인간이라면 당연히 누려야 할 자유와 평화를 제대로 누리지 못하고 보이지 않는 족쇄에 발이 묶인 채 걱정과 긴장에 휩싸인 채 살아가는 이유는 무엇일까?

　　막대기는 막대기이고, 돌은 그저 돌일 뿐이던 시절에는 생존을 위해 자기만의 특별한 노하우를 찾을 필요가 없었다. 단순히 자기의 감각을 무기로 먹거리를 찾으면 될 정도로 한정된 세상이었기 때문이다.
　　하지만 생각해보자. 오늘을 살아가는 사람들이 세상이 빛의 속도로 변화되고 있음에도 원시시대 사람들의 사고방식에 머물러 있는 경우가 너무도 많다는 것이다. 그만큼 현대인들이 시대 흐름에 한참 뒤쳐져서 살아가고 있다는 뜻이다.

　　우리는 살면서 무슨 생각을 하고 어떤 행동을 하며, 무엇을 목표로 살아가야 하는지에 대한 구체적인 계획표가 매우 중요한 열쇠가 되는 시대를 살고 있다.
　　상담심리학자로서 수많은 사람들과 이야기를 나누다 보면 대부분의 사람들이 건설적인 수단을 통해 삶의 목적을 실현하는 방법에 대해 전혀 모를 뿐만 아니라 심지어 그런 게 있다는 사실조차도 모르는 경우가 허다하다는 사실을 알고 머리를 흔들 때가 많다. 그들은 말한다.

"목적을 달성하기 위해서는 수단 방법을 가리지 말아야 해요. 과정에 얽매이다 보면 나쁜 결과가 나올 수가 있으니 까요?"

최고의 효율을 얻으려면 최선의 마음으로 전력을 다해야 한다. 그런 확고한 의지 없이 얄팍한 요령만으로 삶의 문제 들에 맞서는 태도로 바람직한 삶을 누릴 수 있을까?

나는 그런 모습이 현대인들에게 긴장이나 불안, 스트레스 같은 부정적인 감정들이 늘어나는 이유라고 생각한다. 얼마 전 읽은 책에 이런 내용의 글귀가 보였다.

"인간은 두 개의 '나'로 이루어져 있다. '생각하는 나'와 '행동하는 나'가 그것이다. 이들은 서로 다른 역할을 하는데, '행동하는 나'는 항상 '생각하는 나'의 주문에 따라 움직인 다. 문제는 '생각하는 나'가 인내심이 부족해서 항상 '행동하 는 나'에게 기회를 주지 않는다는 것이다."

당신은 어떤 편인가? 성공은 아무한테나 오지 않는다. 그 것은 충분히 생각하고 준비해서 열정을 다해 행동할 때 찾아 오는 보상 같은 것이다. 성공을 원한다면 인생의 문제를 대하는 태도가 달라져야 한다. 어제와 똑같은 생각 습관과 행동 패턴으로는 실패로 점철된 삶의 주인이 될 수밖에 없다.

나는 정신적인 혼란에 빠져 지내는 사람들이 도움을 청하러 오면 몇 가지 간단한 조언부터 하는데, 아래는 내가 자주 하는 조언 중 하나다.

"정신적으로 문제가 생기면 혼자 해결하려 들지 말고 빨리 도움을 줄 사람이나 방법을 찾아라."

부모님, 선배, 친구, 심리전문가 등 누구라도 좋다. 마음이 통하는 사람에게 속내를 털어놓으면 일단 가슴에 도사리고 있던 찌꺼기를 발산했다는 점에서 심리적으로 도움이 된다. 반면에 마음속에 그냥 쌓아두면 썩은 물처럼 부패되어 버린다.

많은 사람들이 이렇게 단순한 조언조차 무시해버린다. 그들은 살면서 만나는 문제들에 맨몸으로 맞서 싸워야 한다는 듯이 살벌한 전투 모드로 살아간다. 이렇게 살면 돌아오는 건 더 큰 스트레스뿐이다.

심리학에서는 스트레스에 대해 정의하기를 어려운 환경이나 조건에 처할 때 느끼는 심리적, 신체적 긴장상태라고 해석한다. 이런 상태가 오래 지속되면 심장병, 위궤양, 고혈

압 등의 신체적 질환을 일으키거나 불면증, 신경증, 우울증 같은 심리적 이상 증상을 보이기도 한다고 설명한다.

나는 곰곰이 생각해본다. 현대인이라면 이런 식으로 마음의 질병을 경험하지 않는 경우가 얼마나 될까? 문제는, 뻔한 처방법이 있음에도 실천하는 사람이 드물다는 것이다.

콘래드 에임스라는 사람이 있다. 어느 날 오후에 나를 찾아온 그는 말하기를, 자신을 에워싼 모든 문제를 자기 손으로 직접 처리해야 한다는 식으로 밤낮없이 일벌레처럼 일하고 있다고 했다.

"나는 책임감이 매우 강한 사람입니다."

그는 당당하게 이렇게 말했지만, 내 눈에는 하루 종일 삶의 무게에 짓눌려 허덕이는 그의 삶은 지렛대의 원리를 모르는 원시시대 사람들이 커다란 돌덩이를 놓고 씨름하는 광경이 떠올랐다.

그는 가족들도 자신만큼 매사에 최선을 다해야 한다고 믿으며, 아내의 사치스러운 생활 습관이나 아이들의 분별없는 행동이 끝없는 걱정거리라고 투덜거렸다.

"그렇게 살다가는 주위에 널려 있는 게으름뱅이들처럼 자신도 나락으로 굴러 떨어지지 않을까 걱정이 이만저만이 아니랍니다."

나는 잔뜩 찌푸린 그의 얼굴을 보며, 그를 조종하는 것은 완벽주의이고 그를 압도하는 것은 남과 끝없이 비교하면서 생기는 조급증임을 알 수 있었다.

우리는 시계추처럼 똑같은 패턴을 고집하며 일의 노예가 되어 살아가는 사람들의 삶이 어떻게 귀결되는지 잘 알고 있다. 가슴에 켜켜이 쌓인 스트레스의 무게에 짓눌려 마침내 숨이 막혀버리는 상황 말이다.

따라서 콘래드 에임스처럼 대책도 없고 방향도 모른 채 죽어라고 일만 하는 사람은 정말로 한순간에 죽어 나자빠지는 상황에 처할 수 있다. 콘래드 에임스의 삶에서 혹시 당신의 모습은 보이지 않는가?

CHATPER
06

나만의 인생 설계도를
만들자

나는 심리 상담을 하기 위해 사무실을 찾는 사람에게 이렇게 물을 때가 많다.

"먼저 당신만의 인생 설계도를 보여주세요."

인생이라는 길고 긴 여행을 하면서 자기가 가야 할 목적지와 거기까지 이르는 과정의 세세한 시간표가 없다면 말이 안 된다.

일의 순서를 정해놓은 계획표를 들고 건설 현장에 나가는 건축가처럼, 또는 바닷길을 세밀하게 표시한 지도를 들고 선박 운행에 나서는 항해사처럼, 우리 삶에도 설계도가 있어야 한다. 그러나 나의 요청에 선뜻 응하는 사람은 거의 없다. 대부분 그게 무슨 뜻이냐며 눈을 크게 뜰 뿐이다.

설계도는 목적에 맞게 부분별로 각각의 요소들이 조화를

이루게끔 그려져야 한다. 그렇게 해서 탄생된 건축이나 기계는 서로 협력하는 방식을 토대로 고안된 각 부품의 합이다.

이런 설계 원칙은 삶에도 그대로 적용된다. 언제 어디서 무엇을 할지 세밀하게 목표를 정하고 구체적인 활동 계획표를 세운 사람에게 성공 확률이 더 높을 것은 당연하다. 살아가면서 이런 원칙을 착실히 지키면 삶의 무게로 인한 부담과 압박이 줄어들고 그만큼 혼란도 적을 것이다.

사실 훌륭한 설계도가 있어도 환기시설이나 수도배관에 문제가 생기는 일은 흔하다. 심지어 외벽에 심하게 금이 가서 비가 오면 빗물이 줄줄 새는 경우도 있다. 그렇다면 아예 설계도조차 없이 지은 건물은 얼마나 엉망일까.

얼마 전 잘나가는 기업의 CEO가 부부 사이의 갈등 문제로 내게 도움을 청했다. 남자의 말인즉슨 아내가 갑자기 이혼을 요구한다는 것이었다. 결혼생활 20년 동안 아무 문제 없이 평온하게 살아왔는데, 어느 날 갑자기 이혼을 요구하는 아내를 보며 그는 할 말을 잊었다고 했다.

이야기를 들어보니 아내의 요구는 누가 봐도 타당했다. 남자의 삶에서 비즈니스를 제외한 나머지 측면은 모두 엉망진창이었던 것이다. 회사에서는 매사 정확한 설계도에 따라

움직이는 사람이 어떻게 비즈니스 밖에서는 이렇게 제멋대
로 살아왔는지 모를 일이었다.

업무를 핑계로 허구한 날 외박을 하며 술을 마시고, 이따
금 업계 파트너들과 도박에도 빠지곤 하는 그였다. 여기다
아내가 볼 때 더 심각한 문제는 여자관계가 매우 문란하다
는 것이었다. 그만큼 개인적인 사생활이 난잡하니 아내도
더 이상은 견딜 수 없었던 것이다.

그에게 기업을 운영하는 것처럼 개인적인 삶을 나름의 설
계도에 따라 착실하게 이끌어간다면 많은 게 달라진다는 사
실을 차분히 설명해주었지만, 그는 비즈니스에 성공하기 위
해서는 가족들이 참아줘야 한다며 오히려 아내를 비난했다.

물질적인 성공을 거둔 보상으로 화려한 집에 멋진 자동차
를 타고 다니며 최고의 인생을 누리는 것처럼 보이는 사람
들이 우리 주변엔 많다.

하지만 속을 들여다보면 대부분이 뚜렷한 인생 목표는커
녕 미래를 위해 무엇을 해야 할지 모른 채 허둥대며 달려가
는 경우가 더 많다. 한 마디로 인생 설계도 없이 이뤄낸 성
공은 모래 위에 지은 성처럼 무너지기 쉽다는 것이다.

그들에게 어떤 삶이 돌아올지는 보나마나다. 앞서 소개한 기업의 CEO 역시 그랬다. 얼마 뒤 지인을 통해 그가 끝내 이혼했으며 회사 역시 외국기업과의 계약에 문제가 생겨 엄청난 손실을 봤다는 소식을 들었다.

누구나 의지만 있으면 이런 삶에 빠지지 않고 인생 설계도에 따라 착실하고 분명한 발걸음으로 목표를 향해 걸어갈 수 있다. 당신도 더 이상 미루지 말고 지금 당장 장단기적인 인생 설계도를 만들어라.

설계도는 세밀할수록 좋고, 나름의 철학적인 안목으로 미래를 내다보는 지혜를 발휘하여 시간표를 짜야 한다. 설계도는 자신이 만들어야지 남이 해줄 수 있는 게 아니다. 자신의 비전을 담아내는 일을 남의 손에 맡길 수는 없지 않은가.

여기서 명심해야 할 일이 있다. 설계도를 그리면서 성공으로 가는 최단시간이나 지름길을 고려하면 안 된다는 것이다. 그것 자체가 고단한 노력 없이 열매를 얻으려는 태도이니 결과는 보나마나다. 그러니 사다리를 오르듯 맨 아래서부터 차곡차곡 밟아 올라가는 자세여야 한다.

인생 설계도라고 하면 거창한 목표를 세우고, 하나하나의 과정이 화려해야 한다고 생각하는 사람들이 많다. 그렇지 않다. 일단 자기 수준이나 여건에 맞는 단기적인 목표를 세우고, 그것을 착실하게 이뤄나가면서 다음 목표로 이행하면 된다.

예를 들어보자. 당신이 현재 30세의 직장인으로, 15년 뒤에는 기업 경영자가 되고 싶다는 목표를 세웠다고 치자. 경영자가 되려면 그만한 소양과 자질을 갖춰야 하고 전문적인 식견도 필요하다. 단순히 원하고 꿈꾸는 것만으로는 어떤 것도 이루지 못하기 때문이다.

우선 15년을 3년 단위로 해서 5단계로 나눠보자. 1단계인 첫 3년 동안 당신이 원하는 분야에 필요한 정보와 지식을 습득하자. 이렇게 1단계를 공부에 열중하다 보면 그 분야에 대해 전문가 수준의 식견을 갖추게 될 것이다.

그러면 자연스럽게 다음 3년의 2단계 전략을 좀 더 구체적으로 구상할 수 있다. 이때부터는 공부의 범위를 좀 더 확장해서 그간 쌓은 실력을 증폭시키는 시간으로 삼아라. 전문학교에 들어가 더 많은 지식을 쌓는다든지 같은 분야에서 일하는 선배들과 대화를 나눈다든지 하면서 미래 비전을 한층 견고하게 만들어갈 수 있을 것이다.

이렇게 하나의 단계가 끝나고 다음 단계로 이행하는 동안 자신의 목표가 현실적이지 않다는 사실을 알게 될 수도 있다. 하지만 그것은 시간 낭비가 아니고, 실패는 더욱 아니다.

이런 때는 목표를 바꾸거나 방법을 수정하면 된다. 이때 그동안 쌓은 경험은 큰 도움이 될 것이다. 가령 2단계까지 진출했는데 방향을 바꾸게 된다면, 그래봤자 아직 30대 중반으로 45세까지 기업 경영자가 되려는 목표는 충분히 가능한 시기다.

고대 그리스의 스토아학파를 대표하는 철학자 에픽테토스Epiktetos는 후학들에게 '착실한 인생'이라는 주제로 강의하면서 이런 말을 남겼다.

"무엇이든 소중한 것은 어느 날 갑자기 생겨나지 않는다. 한 송이의 포도, 한 알의 사과도 마찬가지다. 당신이 지금 나에게 사과를 갖고 싶다고 말하면, 나는 당신에게 시간이 필요하다고 답할 것이다. 먼저 꽃을 피워야 하고, 다음엔 열매를 맺어야 하고, 그 다음엔 무르익게 만들어야 한다. 열매 하나조차 단숨에 만들어지는 게 아닌데, 당신은 인간의 마음의 열매를 그토록 짧은 시간에 손쉽게 지니고 싶어 하는가?"

문제는 착실한 계획이고, 지치지 않는 꾸준함이다. 설계도대로 진척되지 않는다고 실망하거나 조급해하지 마라. 그때그때 수정하고 첨삭하면서 사다리를 오르듯이 꾸준하면 된다.

　관건은 자기만의 시간표를 따라가는 성실함이다. 새로운 삶을 꿈꾸고 있다면 무엇보다 먼저 인생의 설계도를 그리는 일부터 시작하라. 이런 습관이 인생의 무게를 가볍게 하여 씩씩한 발걸음으로 자기 인생의 여정을 걸어 나갈 수 있는 세 번째 기술이다.

CHATPER
07

작은 선택이
내 인생을 바꿨다

오 헨리O. Henry의 소설 중에《운명의 길Roads of Destiny》이라는
작품이 있다. 인생의 기로에서 다른 길을 선택했더라면 벌어
졌을지 모를 일들과 그로 인한 결과를 다룬 작품이다.

　이 소설을 생각할 때마다 나는 로버트 프로스트Robert Frost
의 걸작《가지 않은 길The Road not Taken》의 마지막 문장을 떠
올리곤 한다.

　숲속에 두 갈래 길이 있어
　나는 사람들이 덜 다닌 길을 택했다네.
　그리고 그것이 내 인생을 이처럼 바꿔놓았다네.

　우리에게도 삶의 다양한 장면에서 선택의 길이 주어진다.
선택의 갈림길에 서게 될 때, 우리가 원래 원했던 자기만의

길을 가지 못하는 이유는 그때그때의 상황에 따라 너무 성급하게 선택하기 때문이다.

우리는 살면서 목적을 이루는 데 합당한 방법을 정징하고 충실하게 따르지 않고 멋대로 방향을 틀거나 기분에 따라 속도를 조절한다. 그러면서 그것을 융통성 내지는 합리적인 일이라고 말한다.

그러다 많은 시간이 지난 후에야 어떤 길을 갔어야 했는지 깨달으며 땅을 친다. 누구나 지난 일을 돌아볼 때는 현명해지는 법이다. 로버트 프로스트의 시는 바로 이러한 어리석음을 날카롭게 지적하고 있는 것이다. 헤르만 헤세는 이런 글을 썼다.

"고통이 그대를 괴롭히는 이유는 단지 그대가 그것을 두려워하기 때문이다. 고통이 그대를 괴롭히는 이유는 그대가 그것을 비난하기 때문이다. 고통이 그대를 쫓아다니는 이유는 그대가 그것으로부터 도망치려 하기 때문이다.

따라서 무조건 두려워만 말고, 그것을 사랑해야 한다. 그대 자신은 모든 것을 알고 있다. 세상에는 오직 하나의 마술, 하나의 힘, 하나의 행복만이 존재한다는 사실을 말이다. 그것은 바로 사랑이다. 그러니 이제부터 고통을 사랑하라. 고통을 거부하지 말고, 회피하지도 마라. 그리하여 고통이 때로는 우리에게 살아갈 힘을 준다는 사실을 깨우쳐라."

여기 고통을 외면함으로써 오랫동안 마음의 상처를 껴안고 살아간 사람들의 이야기가 있다.

밀턴 부부는 오랫동안 딸 줄리엣과 소원하게 지내왔다. 오래전 어느 날 그들 부부가 자존심을 세우지 않고 마음을 열었더라면 딸의 행복을 함께 기뻐할 수 있었을 것이다. 그러나 그러지 못했고, 그들은 오랫동안 걱정과 두려움에 압도되어 살았다. 무엇이 이런 상황을 불러왔는지 과거를 돌아보자.

#1 ....

• 장소 : 밀턴 부부의 집 거실.

• 시간 : 새벽 1시 10분.

• 상황 : 밀턴 부부가 딸 문제로 근심하고 있다. 딸이 부모가 반대하는 사내와 결혼할 생각이기 때문이다. 아내가 눈물을 흘리며 말한다.

"정말 미워 죽겠어요. 그동안 우리가 해준 게 얼마인데, 부모의 은혜도 모르고 이렇게 속을 썩이다니……."

"그 애를 키우기 위해 얼마나 많은 돈을 들였는지 생각해봐. 세상에 부러울 것 하나 없이 키웠는데……."

"당신이 막아야 해요. 무조건!"

"내가 어떻게 해? 당신이 해보지 그래?"

밀턴이 들고 있던 신문을 던져버리고 거실을 서성대자 아내가 애원하듯 말한다.

"우리끼리는 싸우지 말아요. 너무 불안하고 혼란스러워서 그래요."

그 시각, 집에서 100킬로미터 정도 떨어진 곳을 달리는 자동차 안에서 줄리엣은 연인 고든의 품에 더 바싹 안겨 있다. 고든은 자신을 선택한 줄리엣을 지키겠다는 의지를 드러내듯 속도를 한껏 높였다. 그녀가 말했다.

"예전에 우리 엄마도 아빠하고 도망쳐서 결혼했어. 외할아버지는 거의 5년 동안 엄마하고 말을 하지 않고 지냈지만 지금은 누구보다 사이좋게 지내고 있어."

고든이 줄리엣의 손등에 입을 맞추며 말했다.

"그래도 너의 부모님을 불행하게 만들고 싶진 않아. 언젠가는 당당하게 인정을 받고, 행복하게 해드릴 거야."

그로부터 10년 후, 밀턴은 의자에 앉아 허공을 바라보았다.

그는 몇 년 전에 뇌졸중으로 쓰러져 혼자 힘으로는 움직일 수도 없고 회복할 가망도 없게 되었다. 아내가 울며 말한다.

"고든이 없었으면 어쩔 뻔했어요. 정말 좋은 사위에요. 아이들이 우리를 모시겠다고 해요. 줄리엣이 무조건 자기들 집으로 오래요, 자기들이 모시겠다고."

밀턴이 쉰 목소리로 중얼거렸다.

"고든 같은 아이도 없어. 아주 믿음직해."

사실 그들이 화해한 것은 얼마 되지 않았다. 1년 전쯤 줄리엣이 먼저 찾아왔고, 부모는 눈물로 용서했다. 하지만 용서랄 것도 없었다. 아빠가 건강을 잃었다는 소식을 접한 딸이 황급히 돌아왔고, 이번에 아예 딸의 집으로 들어오라는 소식을 들은 것이다.

딸과 재회한 것은 9년 만이었다. 그 긴 세월 동안 밀턴 부부의 가슴을 짓눌렀던 배신감과 걱정의 무게를 생각하면 그 어떤 말로도 덜어낼 수 없는 고통의 시간이었다. 오래전부터 밀턴 부부의 가슴에 도사린 의문부호 하나는 이것이었다.

'그때 우리가 왜 그랬을까? 한 발짝 뒤로 물러서서 딸의 마음을 헤아릴 수는 없었을까? 그 애가 그토록 행복을 원하는데, 왜 우리는 그렇게 완강하게 반대했을까?'

이런 광경이 어찌 밀턴의 집에만 한정될까? 조금만 뒤로 물러서면 충분히 보일 일들로부터 일부터 멀찌감치 떨어져서 자기만의 편견과 고정관념을 고집하는 경우 말이다. 미국의 백만장자 폴 마이어Paul Meyer는 이런 말을 남겼다.

"실패하는 사람들의 90퍼센트는 실제로 실패를 당한 것이 아니다. 단지 그들은 그만둔 것뿐이다."

실패자가 된 사람들 중에 십중팔구는 끝까지 해보지 않고 스스로 실패를 예상하며 미리 그만두었기 때문에 실패한다는 것이다. 나는 걱정, 불안, 두려움 같은 모든 부정적인 사고방식들도 이와 마찬가지라고 생각한다. 걱정하기 때문에 실제로 걱정할 일이 생기고 걱정하기 때문에 실제로 실패의 나락으로 빠진다는 것이다.

밀턴 부부가 하지 않아도 되는 걱정으로 암울한 시간을 보내고 있던 그 무렵에, 여기 다른 집에서 또 하나의 불행한 장면이 펼쳐지고 있었다.

#2 ....

• 장소 : 침실.
• 시간 : 공허가 가을의 여명을 어지럽히는 늦은 오후.

· 상황 : 이사벨이 질끈 눈을 감고 소파에 누워 있다. 목의 동맥이
　　　불규칙하게 뛴다. 호흡이 거칠다. 주먹을 꽉 쥔 상태다. 그
　　　녀는 오후에 생긴 일을 거듭 되짚으며 어거스틴이 온 동네
　　　에 그녀에 관한 악소문을 퍼뜨리는 상상을 한다. 하루 빨
　　　리 이 마을을 떠나 어디로든 떠나야 한다고 생각한다. 그
　　　러노라니 억울한 마음에 눈물이 흐르고, 가슴은 더욱 갑갑
　　　해진다.

　거실 소파에는 이사벨의 남편 원터스가 앉아 있다. 그의
가슴은 당황스러움과 연민으로 가득 차 있다. 회사에서 돌
아왔을 때, 그는 아내가 잔뜩 흥분한 채 누군가와 화하는 모
습을 보았다. 그는 침착하게 이사벨을 달래면서 당장이라도
어거스틴과 마을사람들에게 이야기를 해서 그녀가 염려하
는 헛소문을 잠재우겠다고 했다.

　그는 어거스틴이 생각이 바른 사람이라면 함부로 중상모
략을 하지 않을 거라고 말해주었지만 소용이 없었다. 이사
벨은 자신이 부당하게 공격당할지 모른다는 병적인 분노에
만 사로잡혀 있었다.

　어차피 시간이 지나면 소문은 옅어지고 조금씩 해결될 일

인데도 이사벨은 지금 앞뒤로 꽉 막힌 생각 탓에 고통스런 시간을 보내고 있었다. 미래 상황을 비극적으로 상상하면서 자기만의 굴레에 꽁꽁 갇혀 있는 것이다.

과장된 지레짐작의 무게에 짓눌리고, 장차 벌어질지 모르는 상황을 지나치게 확대한 나머지 스스로를 걱정의 노예로 전락시키는 이사벨의 모습에서, 혹시 당신의 모습이 겹쳐 보이지는 않는가?

그렇게 무섭게 느꼈던 미래 상황과 실제 벌어진 일과는 커다란 차이가 있다는 사실을 알고 예전의 바보 같은 자기 모습을 생각하며 혼자 실소를 터뜨린 적은 없는가? 여기 또 하나의 장면을 소개하겠다.

#3 --

- 장소 : 뉴욕의 거리.
- 시간 : 겨울 저녁.
- 상황 : 매튜는 혼란스러운 얼굴로 집으로 돌아가고 있다. 오랫동안 부진하던 사업이 최근 들어 더욱 어려워졌다. 매튜는 기운이 전부 소진된 듯한 느낌이었다. 가족에게 과거의 생활 수준을 제공할 길이 보이지 않는 현실이 너무 암담했다. 근심이 어깨를 짓눌러 발걸음마저 비틀거렸다.

그곳에서 5킬로미터쯤 떨어진 곳에서, 의사인 댈런 박사가 아내와 이야기를 나누고 있었다.

"매튜 씨는 마음의 부담을 견디지 못하고 있어. 걱정의 무게를 덜어내지 않으면 큰 병을 얻게 될지도 몰라."

아내는 그런 상황이 몹시 안타깝다는 듯이 혀를 끌끌 찼다. 그녀는 매튜의 아내와 친한 사이였기에 그들의 사정을 잘 알고 있었다.

"그들은 이제 그만 사치스럽고 방만한 생활 습관을 멈춰야 해요. 당장 고급 승용차와 저택을 처분하고 형편에 맞는 변두리 작은 집으로 옮기고요. 아이들에게 제공하는 초호화판 생활도 그만둬야 하고요. 인생이 신호를 보내면 응답해야 하는데, 그들은 그러지 않고 스스로 삶의 무게에 짓눌려 허덕이고 있어요."

자신의 모습을 고난의 희생자로 그리기를 좋아하는 사람들이 있다. 위에 등장하는 사람들이 그런 부류에 속한다. 당신은 어떤 편인가? 미국의 심리학자 웨인 다이어Wayne Dyer는 그렇게 하루하루 스스로의 생명을 갉아먹고 있는 사람들을 향해 이런 충고를 남겼다.

"살면서 당신이 지금 하고 있는 일은, 당신이 화를 내든

내지 않든 상관없이 나이아가라 폭포에 한 컵의 물을 부어 넣는 정도에 지나지 않는다. 당신이 웃음을 택하든지, 분노를 택하든지 하는 것은 그다지 중요한 일이 아니다. 다만 이것 하나는 분명하다. 웃음을 택하면 현재가 즐거워지고, 분노를 택하면 현재가 비참해진다는 것이다."

오 헨리의 소설 《운명의 길》도, 로버트 프로스트의 《가지 않은 길》도, 그리고 웨인 다이어의 짧은 충고도 결국은 하나의 문장을 말하고 있다. 당신이 어떤 선택을 하며 살아야 할 것인지를 결정하는 것은 결국 당신의 몫이라는 것이다. 당신은 어떤 삶을 선택할 것인가?

3장

인생의
우선순위를 정하라

젊었을 때 나는 주위 사람들에게 변함없는 우정이나 영구적인 감동 같은,
그들이 줄 수 있는 것 이상을 끝없이 요구했다.
이제 나는 그들이 줄 수 있는 것보다 훨씬 적게 요구할 수 있다.
가령 아무 말 없이 같이 있어 주는 것만으로도
그들의 감동, 사랑을 온몸으로 느끼는 것이다.

_ 알베르 카뮈 Albert Camus

꿈꾸는 자의
내일은 풍요롭다

버지니아의 한 농부가 오랫동안 힘든 시간을 보내고 있었다. 젊은 시절부터 해바라기 농사를 짓고 있는 그에게 연이어 닥친 불운은 그를 벼랑 끝으로 내몰았다. 몇 년째 이어진 가뭄으로 인해 작황이 좋지 않은데다 시장 상황도 나빴다. 그래서 몇 년 전부터 해바라기 농장을 처분하고 다른 작물 재배로 전환하는 사람들이 많아졌다.

한때 해바라기 씨는 단백질, 식이섬유 같은 영양소가 풍부하고 씨 속에 잠재된 '셀레늄Selenium'이라는 성분의 탁월한 항암 효과와 고혈압 예방에도 뛰어난 특징으로 크게 각광을 받아왔다.

그러나 해바라기 씨의 효능을 뛰어넘는 대체의약품들이 줄줄이 출시되면서 언제까지나 해바라기 농장에 매달릴 수 없는 상황이 되고 말았다.

그럼에도 그가 할 줄 아는 건 농사밖에 없다는 것이 문제였다. 산더미 같은 걱정만으로는 그가 처한 곤경을 표현하기에 부족한 나날이었다.

그는 자기의 힘으로 돌파구를 찾아야 한다는 사실을 알고 있었다. 당장 행동을 해야지 가만히 앉아서 걱정만 하고 있으면 누구도 답을 주지 않기 때문이었다. 그는 부지런히 대안을 찾을 정보를 검색하고 전문가들을 찾아다니며 활로를 모색했다.

그로부터 1년 뒤, 그는 서인도제도로 건너가서 '네비스 Nevis'라는 섬에 내렸다. 언젠가 신문에 소개된 그 섬에서 활로를 찾고 싶었기 때문이다. 물론 이곳에 가기 전에 전문가를 만나 의논도 했다.

네비스 섬은 그가 처한 인생만이나 처참한 몰골이었다. 그 섬은 한때 사탕수수, 바나나, 코코아 같은 작물이 재배되고 있었지만 농장주들의 파산으로 광활한 잡초더미가 되어 있었고, 간간이 서 있는 건물들은 형편없이 무너져가고 있었다. 한때 이곳 유황온천에서 온천욕을 하기 위해 찾아오는 여행객들을 맞이하던 호텔은 텅 빈 채 먼지만 쌓여 있었다.

그는 이 섬에 오기 전부터 아이디어 하나를 떠올리고 있었다. 바로 이곳에서 자신의 특기를 살려 작물 재배를 할 텐데, 다름 아닌 최고 품질의 면화를 재배하는 것이었다. 뜻대로만 된다면 이곳을 재기의 발판으로 삼을 수 있지 있을 것 같았다. 그의 아이디어는 다음과 같았다.

　미국 해군은 밤낮으로 바닷물을 가까이 하며 지내기 때문에 특별한 옷감으로 제작된 군복을 입는다. 이 옷감은 최고 품질의 면화인 장섬유 해도면海島綿, Sea Island cotton으로 만들어진다.

　장섬유는 매우 길고 가늘게 이어진 섬유를 말하는데, 그 중에서도 가장 품질이 좋은 해도면은 서인도제도가 원산지로 이곳의 고온다습한 기후에서 자라는 특산품이다. 해도면은 미국의 사우스캐롤라이나, 조지아, 플로리다 주의 해안지역에서 독점 생산되어 해군에 납품되고 있었지만 품질이 불량해서 병사들의 불만이 높았다.

　세계에서 생산되는 모든 면섬유 중에서 가장 우수한 품종으로 알려진 서인도제도의 해도면이 그의 손에 의해 네비스 섬에서 생산되고 여기에 품질이 보장된다면, 미국 해군이라는 막대한 수요가 뒷받침되기 때문에 안정적으로 판매될 것이 분명했다.

이 사업이 자신의 운명을 구해줄 수 있다고 확신한 그는, 당장 예전에 농장지대였던 광활한 황무지의 소유권을 가지고 있는 은행을 찾아가 자신이 매입하겠다고 제안하며 구체적인 계획서를 제출했다.

그의 제안에 은행 담당자는 놀라는 기색이 역력했다. 왜냐하면 그가 농장 매입자금을 '후불'이라고 적었기 때문이다. 일찍이 그런 전례가 없기 때문에 당장 퇴짜를 맞았지만, 그는 집요하게 담당자를 설득하며 제안서가 본점의 최종 결정권자에게 전달되게 해달라고 부탁했다.

그로부터 3개월 뒤, 그의 사업계획서를 면밀히 살펴본 은행 측은 그의 사업 계획이 전망이 있다고 판단하고, 계약금 하나 없이 땅을 사용하되 금액은 장기로 상환할 수 있는 조치를 취해주었다.

그는 뒤이어 섬의 원주민들을 찾아가 농장에서 일해주면 연말에 해도면을 팔아 지불하겠다고 약속했다. 일자리가 절박했던 그들은 즉각 동의했다.

뒤이어 그는 버지니아 농업청에 사업계획서를 발송했다. 방대한 규모의 시험 재배를 할 수 있는 목화씨를 지원해 달라는 내용이었다. 그때 마침 버지니아 주에서는 예년에 비해 목화 생산량이 넘쳐서 처치 곤란한 상태여서 그의 제안은 즉시 받아들여졌다. 그렇게 일은 일사천리로 진행되었고, 시험 재배는 대성공이었다.

그때 이미 그의 운명은 정해졌다. 그는 사실상 네비스 섬 전체를 소유한 부자가 되었다. 또한 노동력을 제공하는 주민들, 가만히 놔두었으면 대출금을 허공에 날릴 뻔한 은행, 나아가 품질이 낮은 제품 때문에 불만이 높았던 미국 해군도 혜택을 누리게 되었다.

가만히 앉아서 걱정만 일삼는 일상에서 과감히 탈출해서 자기가 가장 자신 있는 분야에 도전장을 던졌던 용기가 여러 사람에게 이익을 가져다준 놀라운 성취로 이어진 것이다.

누구나 어려움이 닥치면 당황한 나머지 끝도 없는 걱정의 늪에 빠지거나 그 때문에 심각한 실수를 저지른다. 그러다가 시간이 한참 흐른 뒤에야 문제를 현명하게 극복할 수 있었다는 사실을 뒤늦게 깨닫는 경우가 많다. 어떻게 하면 이런 혼돈에서 벗어날 수 있을까?

야구선수들은 공을 잡으러 달려갈 때 '정지의 순간'을 통해 다음 행동을 결정한다. 신속하게 움직이는 와중에도 짧

은 순간 명료한 판단의 순간을 갖고, 그렇게 침착성을 유지
하면서 다음 행동을 결정하는 것이다.

　야구선수들 이렇게 0.01초의 짧은 순간에 신속하게 판단
하고 차분히 대처해야만 실수 없이 자기 역할을 해낼 수 있
다. 우리 모두에게도 행동에 옮기기 전에 정지의 순간이 필
요하다는 사실을 잊지 말자.

　머리가 멍할 지경이 되도록 우울과 불안에 사로잡혀서 같
은 생각에만 계속 빠져 있다면, 잠시 정지의 시간을 갖고 자
기 자신을 응시하기 바란다.

　이러한 멈춤의 시간이 당신에게 걱정과 두려움에서 한 발
짝 떨어질 수 있는 여유를 제공할 것이다. 그런 다음 끈기를
갖고 도전하면 걱정의 늪을 빠져나갈 지점을 찾아낼 수 있
을 것이다.

　생활 속에서 항상 아주 짧은 정지의 시간을 갖는 것, 그런
습관이 바로 인생의 무게를 줄이고 한 단계 더 높이 도약할
수 있는 네 번째 기술이다.

작은 씨앗 속의
설계도

아무 때나 이유 없이 밀려드는 불안이나 긴장감을 떨쳐내려면 어떻게 해야 할까? 심리학에서는 무엇보다 자기 삶에서 무엇이 제일 중요한지 우선순위를 정하는 것이 중요하다고 말한다. 그래야 살면서 부딪치게 되는 문제들에 지혜롭게 대응할 수 있다는 것이다.

여기서 말하는 우선순위란 자신에게 가장 중요한 문제들을 순서대로 나열하는 것을 말한다. 누구는 취업이 제일 시급한 문제일 수 있고, 어떤 사람에게는 결론일 수도 있다. 그런가 하면 누구는 자기 분야에서 최고가 되기 위해 기술을 습득하는 것일 수도 있다. 당신에게 가장 중요하면서도 가장 시급한 일은 무엇인가?

식물학자들은 모든 씨앗은 발아하기 전에 성장의 방향을

스스로 세밀하게 구상한다고 말한다. 씨앗 속에 성장의 전체 계획을 담은 설계도가 숨어 있다는 얘기다. 이에 따라 씨앗은 그 설계도대로 한 치 오차 없이 성장하여 뿌리와 줄기를 이루고 열매를 맺는 일생을 살게 된다.

아주 작은 씨앗에도 이렇게 미래 설계도가 숨어 있는데 만물의 영장이라는 우리는 이런 과정을 도외시하고 살기 때문에 역경에 부딪치면 금세 휘청거리며 원하지 않는 방향으로 추락하고 만다.

누구에게나 미래 비전을 위한 사전 설계 작업이 필요하다. 당신이 어느 위치에서 어떤 일을 하는 사람일지라도 이러한 설계도가 우리가 살면서 마주치는 혼란을 피하게 하고 삶에 활력을 찾는 바탕이 된다.

사전 설계 작업이란 간단히 말해서 일상의 크고 작은 문제들을 다룰 때 맨 먼저 해야 할 행동이 무엇인지 신중하게 스케줄을 짜는 것이다. 이후에는 문제가 생겼을 때마다 그에 따라 착실히 이행해나가면 된다. 일이 생겼을 때에야 허둥지둥 결심을 하고 대응하기엔 우리 삶은 너무 복잡하다.

나는 자동차를 타고 여기저기 돌아다니며 강의를 하는 사람이기 때문에 일 년이면 수천 킬로미터를 여행한다. 이렇게 이동을 많이 하면 언젠가 사고를 당할 위험성이 크다는 생각이 들곤 한다.

그래서 나는 실제로 사고가 나면 어떻게 행동할지 미리 생각해두고, 갖가지 사고 상황을 가정해서 거기에 맞는 대처법을 머리에 담아둔다.

얼마 전에 실제로 내가 탄 자동차를 뒤에서 달려오던 차가 들이받는 추돌사고가 났다. 상대 차량이 반파되었을 정도로 큰 사고였는데, 나는 미리 염두에 두고 있던 대처법을 즉각적으로 실행한 덕분에 큰 부상 없이 사고 현장을 벗어날 수 있었다.

이렇듯이 미래에 일어날 수 있는 문제들을 상상해서 세밀한 계획표를 만들어두면 돌발적인 상황에도 허둥대지 않고 차분히 대처할 수 있다.

이런 식의 사전 설계 작업은 일상 속에서 얼마든지 적용할 수 있다. 직장에서 힘든 하루를 보내고 집에 돌아오면 아내가 집안 문제로 짜증을 내는가? 그래서 허구한 날 부부싸움을 하게 되는가?

말썽꾸러기 아이들을 돌봐야 하고, 가정을 힘들게 꾸려나가야 하는 일에 지쳐버린 아내의 하루가 얼마나 피곤할지 이해가 앞서면 짜증에 짜증으로 대응하는 일은 줄어들 것이다.

그렇다면 아내의 짜증에 어떻게 대응할지 미리 대비책을 세우자. 아내가 갑자기 화를 내면 어떻게 분노를 누그러뜨릴지 대화법을 준비해두자.

비즈니스 세계도 마찬가지다. 탐험가들이 아마존 밀림으로 떠나기 전에 가져갈 물건과 해야 할 일을 꼼꼼하게 챙기듯이 비즈니스맨이라면 체계적인 설계와 강력한 조직력 없이 성공할 수가 없다. 다음에 소개되는 편지를 읽어보라.

시버리 고수님께.

고수님이 강조하시는 사전 설계 작업의 원칙을 일상생활에 적용하기 시작한 후로 제 삶이 얼마나 많이 변했는지 모릅니다. 분명한 계획과 신중한 준비가 얼마나 중요한지 깨닫고 나니 어떤 어려움이 닥쳐도 쉽게 건너뛸 수 있어 정말 살맛이 납니다.

저의 윗사람인 부장님은 좋은 사람이기는 하지만 성질이 너무 급해서 걸핏하면 화를 내고, 조금만 마음에 들지 않아도 큰소리부터 칩니다. 그런 분과 매일같이 얼굴을 맞대야 하니 한때는 일보다 인간관계로 인한 고충이 더 커서 좌절에 빠지곤 했답니다.

그러다 사전 설계 작업의 원리를 알게 된 뒤로 부장님을 대하는 방법을 바꿔보았습니다. 부장님이 난리를 칠 때마다 그가 어떻게 나올지, 무슨 말을 할지 미리 머릿속으로 그리고 차분하게 대응을 하니 그의 분노도 그만큼 누그러뜨릴 수 있게 되고, 저는 그로 인한 스트레스가 점점 줄어드는 것이었습니다.

그러다 보니 이제는 부장님이 아무 때나 버럭버럭 화를 내는 사람이 아니라 먼저 친근하게 웃으며 대해주는 선배가 되었다는 사실이 사전 설계 작업의 효과가 얼마나 큰지 말해주는 것 같습니다. 저는 사회생활을 하면서 이 원칙을 모든 인간관계에 적용함으로써 누구에게나 활기를 전하는 사람이 되고 싶습니다. 감사합니다.

보스턴에서, 빌트 브리건 드림.

사전 설계 작업의 원칙을 일상의 모든 일에 항상 써먹어야 한다고 말하지는 않겠다. 우리는 양복을 만들기 전에 치수를 재고 옷감을 자른다. 우리가 매일 아침 옷을 입을 때마다 치수를 재지 않는 이유는, 이미 내 몸에 딱 맞는 옷임을 알기 때문이다.

자동차의 부품들을 하나하나 조립하기 전에 완성차를 위한 설계도가 만들어진다. 그러나 조립이 끝나고 자동차가 도로를 달리게 되면 설계 작업은 이제 필요가 없다. 핵심은 심사숙고해서 행동을 계획하면 그 뒤부터는 우리 몸의 신경 조직들이 자동적으로 올바르게 반응하게 된다는 것이다.

사전 설계 작업에 너무 시간을 들이다 보면 그렇지 않아도 번잡한 생활에 할 일이 대폭 늘어날 거라고 생각하는 사람들이 많다. 그렇지 않다. 오히려 시간을 절약할 수 있고, 노력의 시간도 최소한으로 줄일 수 있다.

잠시만 시간을 들여 당신의 삶에서 문제를 일으키는 일이나 상황, 인간관계 문제들을 목록으로 만들고 사전 설계 작업을 통해 하나하나 대응하는 방법을 생각해보라.

그러면 아무 대비 없이 있다가 느닷없이 일상의 무게에 짓눌리는 상황에서 벗어나는 데 큰 성과를 보게 될 것이다. 이때 중요한 것은 자기 안에 올바른 행동을 이끌어내는 보이지 않는 힘이 존재한다는 믿음을 갖는 일이다. 지혜나 힘이 부족하다고 생각되더라도 일단 그렇게 해보기 바란다.

그러기 위해 필요한 일이 있다. 당신이 확립하고자 하는 습관이 특별히 신경을 쓰지 않아도 모국어를 말하듯이 아주 쉽게 표출될 수 있도록 스스로를 단련하고, 그 일이 얼마든지 가능하다고 자신을 납득시키는 것이다.

예전에 나는 지인들과 함께 말을 타고 몇 시간 동안 모하비 사막을 여행한 적이 있다. 하지만 나는 이전에 말을 타본적이 한 번도 없었고, 여행 일정도 닷새 전에 갑자기 정해진 것이어서 승마 기술을 익힐 시간도 없었다.

잔뜩 겁이 난 나는 경마장으로 달려가 기수들이 능숙하게 말을 모는 광경을 세심하게 지켜보았다. 그렇게 사흘을 반복하고, 밤마다 집으로 돌아와 그 모든 광경을 머릿속으로 그려내면서 이미지 트레이닝을 했다.

운명의 날이 되었을 때, 내가 얼마나 능숙하게 말을 잘 탔는지 동행자들은 초보라는 사실을 전혀 몰랐다. 따지고 보면 나는 초보가 아니었다. 머릿속으로 실제처럼 말을 타는 법을 익혔고, 수없이 연습을 했기 때문이다.

나는 이런 방법을 통해 정신적으로, 그리고 육체적으로

뛰어난 능력을 보이는 사람들을 많이 알고 있다. 프로골프 세계에서 맹활약하는 어느 유명한 골퍼는 2년 동안이나 부상 때문에 활동을 못했는데도 하루도 빼놓지 않고 이미지 트레이닝을 한 덕분에 다시 경기에 나서자 곧바로 좋은 성적을 거두었다.

그런가 하면 한때 미국 대표 마라톤 선수로 올림픽에도 나간 적이 있는 젊은이는 다리 근육이 파열되는 바람에 1년 동안이나 마라톤은커녕 제대로 걷지도 못했다.

하지만 그는 치료를 받는 한편 머릿속으로 42.195킬로미터를 달리는 이미지 트레이닝을 멈추지 않았다. 15개월 후, 그는 보스턴마라톤 대회에 출전하여 준우승을 거두었다.

이미지 트레이닝을 '멘탈 트레이닝'이라 부르는 이유는 머릿속으로 상상하며 뇌에 각인시키는 일들이 마음에 차곡차곡 뿌리를 내리며 그 사람 자신의 것으로 만들기 때문이다. 이미지 트레이닝을 강조하는 심리학자들은 이렇게 강조한다.

"자신을 실패자로 간주하는 사람은 아무리 좋은 의도를 가지고 강한 의지로 밀어붙인다 해도, 그리고 설령 성공의 기회가 목전에 찾아온다 해도 결국엔 실패하고 말 것이다.

왜냐 하면 그는 자기 자신을 실패자로 낙인찍는 이미지 트레이닝을 멈추지 않기 때문이다."

이미지 트레이닝을 통해 많은 사람들이 부정적인 감정에 길들여진 습관을 버리고 자신감, 성취, 행복을 얻는 행동 패턴을 구축하고 있다. 머릿속으로 끊임없이 상상하고, 뇌에 각인시키는 노력을 통해 삶의 발걸음을 원하는 방향으로 옮기게 되는 것이다. 당신은 지금 그렇게 하고 있는가?

내 인생의 우선순위는
무엇인가

밥 크레이는 대학을 졸업할 때만 해도 누구보다 먼저 성공할 거라는 기대를 한 몸에 받을 만큼 능력이 뛰어나다는 평가를 받았다. 공부는 물론이고 인간관계도 원만하고 운동에도 뛰어난 실력을 보이는 등 어디 하나 부족한 게 없었기 때문이다.

하지만 막상 사회에 나왔을 때는 힘든 집안 형편 탓에 곧장 생활 전선에 뛰어들어야 했기에 처음 잡은 직장을 그대로 받아들일 수밖에 없었다. 그 바람에 대학에서 전공했던 분야와는 전혀 다른 일을 해야 해서 재미도 없었고, 그 자신이 열의가 없으니 점점 정체되는 상황에 빠져드는 등 모든 게 엉망진창이 되고 말았다.

아무 희망도 없이 하루하루를 보내니 미래의 비전은 모

래알처럼 손아귀에서 빠르게 빠져나가는 것 같았다. 희망도 보람도 없는 나날을 보내는 동안 어느새 청춘의 황금 같은 시간이 속절없이 흘렀다.

그러던 어느 날 그의 삶에 엘리스라는 여성이 들어왔다. 두 사람은 만난 지 1년도 안 되어서 결혼을 약속할 만큼 가까워졌다. 하지만 연애하는 동안 항상 행복한 것만은 아니었다. 매사에 무기력한 그에게 엘리스가 불만을 토로하기 시작했기 때문이다. 어느 날 엘리스가 말했다.

"당신을 사랑하니까 진심으로 도와주고 싶어. 스스로의 힘으로 희망하는 것을 이룰 수 있고, 당신에게 그런 자격이 있다고 믿는 태도를 내게 보여줘."

처음에 그는 엘리스가 하는 말을 알아듣지 못할 만큼 둔감했다. 그저 자기 자리에 주저앉아 여태 그래왔던 것처럼 갈피를 잡지 못하고 있을 뿐이었다. 엘리스는 한층 큰 목소리로 이렇게 말했다.

"당신이 아무리 더 나은 삶을 원한다 해도 마음속 희망을 분명한 형태로 품지 않으면 절대 이룰 수 없어."

대학에서 심리학을 전공했기에 이 문제에 대해 자신 있게 말할 수 있다는 엘리스의 열정적인 태도에 밥이 마지못해

물었다.

"어떻게 하면 되지?"

엘리스는 말했다.

"진심으로 이루려는 소망을 가슴속에 분명하게 그려 넣어야 해. 그냥 건성으로 그려서는 안 돼. 당신의 꿈을 열심히 고민해보고, 그것을 찾아내어 머릿속에 완벽하게 그려 넣고 단단히 새겨야 해."

"원하는 걸 상상하라는 말 같은데, 공상이나 몽상을 하라는 말로 들리는군."

"건축가가 건물을 짓기 전에 수도시설이나 전기배선 설계도를 세밀히 그리는 걸 몽상이라고 할 수 있어? 지휘관이 전략을 제대로 짜지 않고 병사들을 전쟁터로 내보낸다면 말이 되겠어?"

엘리스의 날카로운 지적에 정신이 번쩍 든 그는 그동안 겪어온 좌절의 나날들을 돌아보았다. 한때 뭇사람의 기대를 받던 내가 왜 이 지경이 되었을까? 그가 시무룩한 표정으로 물었다.

"내가 지리멸렬한 삶에서 벗어나지 못하는 게 단지 그런 이유 때문일까?"

"무엇을 이루고 싶다면 머릿속으로 먼저 일의 우선순위를 정하고, 그것들을 이미 손에 쥔 것처럼 확신하면서 행동을 해야 해. 그저 막연히 뭔가를 원하기만 해서는 백 년이 가도 손에 넣을 수 없어. 똑똑하고 유능하지만 전혀 체계적이지 않게 살아가는 게 당신의 진짜 문제야."

엘리스의 말에는 확실한 비전, 꾸준한 열정, 집요한 도전 등 자기 분야에서 성공하는 사람들의 행동 습관이 고스란히 담겨 있다.

학력이나 성장 배경만 좋으면 삶을 가로막는 장벽들을 어렵지 않게 헤쳐 나갈 수 있다고 믿는 사람들이 많다. 그런 것들이 나은 삶을 이루게 하는 조건의 하나라는 건 부인할 수 없지만, 전부일 수는 없다. 99번을 떨어져도 다시 도전하는 개미 같은 끈질김이 맨 앞자리에 있어야 한다.

여기다 자기 삶에 가능한 것과 불가능한 것이 무엇인지 파악해야 한다. 삶에서 불가피한 문제와 내 힘으로 바꿀 수 있는 것을 분명하게 알아야 한다는 뜻이다. 바로 그때 우리는 활기와 기쁨에 넘쳐서 더 열심히 도전하게 된다.

마음속 욕망이 계속 원하는 방향으로 작동하도록 긍정적

인 습관을 만들어라. 습관은 자동차 운전과 같다. 숙달된 운전자는 액셀러레이터를 밟거나 핸들을 좌우로 돌릴 때 의식적인 노력을 기울일 필요 없이 상황에 따라 순발력을 발휘하여 그냥 자연스럽게 한다.

하지만 처음부터 그런 것은 아니었다. 초보운전일 때의 당신을 떠올려보라. 있는 힘껏 핸들을 잡았고, 가속과 감속의 과정에서 몹시 거칠게 대처했다.

그러다 점점 운전에 익숙해지자 굳이 힘을 주지 않아도 착착 이루어지게 되었다. 진정한 변화에 성공하려면 이 같은 과정을 거쳐야 한다. 목표를 이루는 데 필요한 습관이 완전히 몸에 고착되게 만드는 것 말이다.

그러기 위해 생활 주변에 있는 것들을 민감하게 느낄 수 있는 감각을 개발하라. 자연의 색깔들을 하나하나 감지하고, 거기서 나오는 다양한 향기를 인식하고, 온도를 감지하고, 물건의 무게를 느낄 때마다 잠자고 있던 감각이 깨어나는 걸 실감하라.

이런 행동 습관에 익숙한 당신이 되게 하라. 이런 습관이 인생의 무게에 짓눌리지 않고 씩씩하게 살아가는 다섯 번째 기술이다.

행동과 감정은
일란성 쌍둥이

영국의 사상가 토머스 칼라일Thomas Carlyle은 '자신의 일을 제대로 알고 직접 실행하면 반드시 행복이 찾아온다'고 말했다. 자신이 해야 할 일을 분명히 알고, 거기서 뚜렷한 목표를 창출하며 살아가는 사람이 되라는 뜻이다.

나는 이 말보다 더 분명하게 실패를 반복하는 사람들의 평소 행동 습관을 말해주는 표현도 없다고 생각한다. 대부분의 실패자들은 한곳에 뿌리를 내리고 자기만의 의지를 무기 삼아 살아가는 게 아니라 남의 뒤꽁무니만 따라다니며 이리저리 휘둘리고 있다. 한 마디로 말해서 자신의 일을 제대로 알고 직접 실행하지 못하는 것이다.

성공은 자신이 이루고자 하는 욕망의 설계도가 더 오래 지속되도록 마음속에 확고하게 자리 잡게 만들어야 찾아오는 것이다. 심리학자 윌리엄 제임스는 몸이 마음에 미치는 영향을 설명하는 이론을 확립한 사람으로 유명한데, 그의 이론은 이렇게 시작한다.

"몸이 생각과 감정에 영향 받는 것만큼 생각과 감정도 몸이 행동하는 양상에 영향을 받는다."

그는 이 이론을 설명하기 위해 축 처진 자세로 앉아 있는 남자의 사진을 보여주며 그의 마음 역시 축 처져 있는 걸 나타내는 표정을 가리켰다.

슬픈 장면을 목격하고 눈물을 흘리게 되면 슬픔이 더욱 확대되는 상황을 경험한다. 이는 몸의 자세와 동작, 그리고 행동이 마음에 영향을 미치면서 자극의 유형에 따라 신경계에 좋거나 나쁜 감각을 초래한다는 사실을 보여준다.

행복, 슬픔, 편안함, 불안 같은 다양한 감정들은 그에 따른 마음가짐을 유발하고, 곧이어 행동에 고스란히 반영된다. 우리가 행동 습관이라고 부르는 행위들은 대부분 이러한 과정을 거쳐 만들어지는 것이다.

그런데 이때 감정 상태가 부정적인 기류에 휩쓸리게 되면 신체적 역기능이 발생하면서 삶을 힘들게 하는 걸림돌로 이어질 우려가 있다. 반면에 신체적 활동이 기분에 휘둘리지 않도록 노력하면 정신적인 문제들이 대부분 씻은 듯이 사라진다.

스웨덴 출신의 영성신학자로 과학자이자 발명가로도 활동했던 임마누엘 스베덴보리Emanuel Swedenborg는 '어떤 행동 패턴이 마음에 완전히 자리 잡기 전까지는 모든 것이 변할 수 있다'고 말했다. 인간의 마음가짐은 너무도 쉽게 변하기 때문에 완전히 뿌리내릴 때까지는 어떤 습관도 안전하지 않다는 뜻이다.

만약 긍정적인 사고 습관을 가지고 싶다면 끊임없는 긍정적 자기암시를 통해 마음속에 영구히 고착되도록 만들어야 한다고 스베덴보리는 거듭 강조한다.

그렇다는 것은 암시는 설계자고, 습관은 건설자라는 뜻이다. 단지 아는 것만으로는 아무 효과가 없다. 머릿속으로 끈질기게 연습하고 실행하는 습관이 뒤따라야 한다. 그런데 이 대목에서 너무도 바쁘게 살아가는 현대생활엔 적용하기 힘들다고 생각하는 사람들이 많다.

그래서는 안 된다. 스베덴보리가 말한 것처럼 어떤 행동 패턴이 완전히 자리 잡기까지는 오랜 시간이 걸리기 때문이다. 그럼에도 윌리엄 제임스는 우리에게 용기를 주는 말을 남겼다.

"행동은 감정을 뒤따르는 것 같지만, 사실은 행동과 감정은 함께 간다. 의지의 직접적인 통제를 받는 행동을 잘 조절하면 감정도 간접적으로 조절할 수 있다."

마치 일란성 쌍둥이와도 같은 행동과 감정이 상호 보완될 수 있도록 자신을 조절해나가면 누구보다 편안한 마음가짐을 유지할 수 있다는 얘기다.

따라서 긍정적인 방향으로 마음을 먹었다면 즉시 행동에 옮겨야 한다. 이를 반대로 말하자면, 긍정적인 방향으로 행동하면서 마음이 쫓아오도록 만들어라. 나는 성공하는 사람들의 행동 습관에서 이런 모습을 자주 발견하곤 한다. 성공을 원하는 사람이라면 이 말을 절대 잊어서는 안 된다.

오래전 실의에 빠진 표정으로 나를 찾아온 세일즈맨이 있었다. 그는 열한 살 때 한 금융회사의 파리지점에서 일하는 아버지를 따라 몽마르트 언덕 부근에 있는 뮤지컬 극장에 갔다가 배우들이 화려한 옷을 입고 연기와 노래를 하는 걸 보았다. 그 순간 그는 결심했다.

"나도 어른이 되면 뮤지컬 배우가 되어야지⋯⋯."

어려서부터 노래에 재능이 있다는 말을 들어온 그는, 실제로 고등학교 시절을 포함해서 20대 초반까지 음악전문학교에 다닐 만큼 뮤지컬 공부에 매달렸다.

하지만 그 뒤 아버지의 갑작스런 죽음과 함께 집안 형편이 어려워져서 더 이상 음악 공부를 하지 못하게 되었다. 그 뒤로도 오랫동안 어린 시절의 다짐이 머릿속에 자리 잡고 있었지만 너무 힘들게 살다 보니 가슴에 품은 꿈을 그만 까맣게 잊어버리고 말았다.

그러다 얼마 전에 문득 지난날 품었던 희망을 떠올린 그는 진정한 행복이 거기 있음을 깨닫고 당장 뮤지컬 배우가 되겠다는 꿈을 찾아 새로운 여행길에 나섰다. 그의 나이 32세 때였다.

그가 나를 찾은 이유는 뮤지컬 배우가 되기엔 너무 늦은 나이가 아닐까 하는 걱정 때문이었다. 하지만 지금의 그에게 나이가 고려 사항일까?

그건 절대 아니었다. 나는 그에게 진정으로 자신의 마음을 울리는 일을 하고 싶다면, 이제부터는 앞만 보고 가면 된다고 말해주었다. 그게 바로 희망의 힘이고, 목적이 이끄는 삶이라는 말도 해주었다.

그로부터 8년이 지난 오늘, 이제 막 40세가 된 그는 뉴욕에서 뮤지컬 배우로 활발하게 활동하고 있다. 얼마 전에는 영화에도 진출했다는 소식을 들었다.

그렇다. 무엇에 대한 강력한 관심과 희망은 건강하고 행복한 삶을 뒷받침하는 원동력이다. 어릴 때 당신은 무슨 일에 흥분했는가? 지금은 무슨 일에 가슴이 뛰는가? 어떤 일, 어떤 상황, 어떤 행동, 어떤 생각이 심장을 뛰게 만들고 피를 빨리 돌게 만드는가?

그게 무엇이든 그 일에 집중하여 전력투구하는 것이 행복의 길로 가는 지름길이다. 중요한 것은, 마음을 움직이는 것들에 열정을 다하게 되면 누구나 그와 반대되는 행동을 멈추게 된다는 점이다.

자신이 진실로 꿈꾸는 것을 이룰 기회가 왔다고 생각될 때 마약이나 알코올 중독 같은 일탈행위를 멈추는 사람들이 많다. 일탈행위로 인한 기쁨보다 꿈을 이루려고 노력하는 것이 더 행복하다고 믿기 때문이다.

그렇다면 이런 질문이 뒤따르게 된다. 희망은 어떻게 생기는 것일까? 희망이 없는 사람은 눈앞의 문제에 골몰한 나머지 다른 것은 하나도 보지 못한다. 그렇다는 것은, 희망은 우리가 직면한 상황과 난관을 넘어서 미래를 보려는 간절함에서 나온다는 뜻이다.

희망을 보지 못하는 사람은 절대 넘어설 수 없는 장애물에 부딪쳤다는 고정관념에 묶여 있다. 그렇기에 그는 목적의식을 잃고 현실에 고정된 채 허덕이는 삶을 이어가게 된다.

희망이라는 이름의 무기를 쥐고 있는 사람은 주변 환경의 압력에 무릎 꿇지 않는다. 상황을 바꿀 방법에 대한 정보를 찾기 위해 그 무엇이라도 현실을 뛰어넘을 도약대로 삼는다.

최초로 배를 만든 사람은 무거운 뗏목을 온 힘을 다해 젓는 일에 지쳤을 것이다. 그래서 통나무의 속을 파내는 실험을 했을 것이다. 그 결과로 한결 가벼워진 배는 아주 쉽게 앞으로 나아갔다. 그리고 이것은 돛을 달면 바람에 밀려 더 빠르게 나아간다는 아이디어로 이어졌다.

뒤이어 사람들은 더 쉽게 여행하고 싶다는 희망을 품었다. 희망은 또 다른 희망을 품은 갖가지 실험을 촉구했고, 마침내 자동차를 거쳐 비행기로, 우주선으로 발전하게 되었다.

이렇듯이 희망은 그것에 끈질기게 매달림으로써 생명력이 유지된다. 따라서 우리가 해야 하는 단 하나의 일은 목적에 이를 때까지 도전을 계속하는 것이다. 바로 이것이 성공을 꿈꾸는 당신이 가야 할 길이다.

CHATPER
12

희망에 매달리는
사람이 되자

'최적 정렬 알고리즘$^{Optimal\ Sorting\ Algorithm}$'이라는 수학 용어가 있다. 어떤 답을 찾기 위해 필요한 조건들을 일정한 순서대로 배열하는 것으로, 이 말이 비즈니스 세계에 도입된 뒤부터 어떤 결정이 필요할 때 가장 기본적인 것을 선택한 다음 나머지 단계를 차례로 배열한다는 뜻으로 사용되고 있다.

　나는 이 말을 우리 삶에 적절히 적용하면 어떤 일도 온전하게 실현할 수 있다고 믿는다. 일단, 지금 당장 당신에게 가장 필요한 것들을 우선순위에 따라 나열해보라.

　돈, 명예, 권력, 출세, 지위, 사랑, 저택, 쾌락, 성취, 모험, 흥분, 봉사 등 많은 단어들이 떠오를 것이다. 이 모두를 한꺼번에 얻어낼 수 있는 사람은 없다. 그 많은 욕구 중에 한두 개만 얻어도 만족하는 사람이 있고, 한두 개를 얻었어도 더 많이 얻어내야 만족할 사람도 있을 것이다.

중요한 것은 어떤 쪽이라도 일단 가장 필요한 것에 집중해야 한다는 점이다. 그것을 이룬 다음에 다음 단계로 이행하는데, 먼젓번 것이 부실하면 다음 단계는 무용지물이 되어버린다. 하나하나의 단계에 최선을 다하는 삶, 이것이 바로 최적 정렬 알고리즘에 충실한 삶이다.

사람마다 성공을 이루기까지의 과정은 다르지만 저마다의 결론은 하나뿐이다. 권력에 오른 사람, 사랑을 찾은 사람, 자신의 분야에서 정상에 오른 사람은 상황이 좋든 나쁘든 항상 이루고자 하는 욕망에 대한 긍정적인 태도를 유지한다는 점이다. 그러기 위해 그들은 가장 중요한 문제를 맨 앞에 가져다놓고, 그 다음 최적 정렬 알고리즘의 원칙에 따라 순서대로 배열하고 충실히 이행해나갔다.

이때 그 핵심에 무엇이 놓여 있는지가 중요하다. 일시적으로는 삶의 작은 부분에 대한 희망이나 관심, 또는 애정을 잃었을지 몰라도 그들은 자기 자신에 대한 희망과 관심, 그리고 애정을 절대로 잃지 않았다. 한 마디로 말해서 자신의 가능성을 굳게 믿었다는 얘기다.

어떤 사람들은 긍정적인 삶의 태도에 대해서 헛소리를 늘어놓는 경우가 있다. 그들은 긍정의 태도라는 말을 '이 세상 모든 것이 다 좋다'는 마음자세라고 믿는다. 무한 긍정의 자세를 문제 삼으려는 것이 아니라 모든 게 전부 좋을 리는 없다는 말을 하고 싶다.

긍정이란 의미를 그렇게 해석하면 안 된다. 긍정은 자기 확신의 다른 말이다. 지금도 많은 사람들이 무수한 좌절과 곤경에도 물러서지 않고 다시 도전의 고삐를 당기는 이유는 자신을 믿어야 한다는 원칙을 굳게 지키기 때문이다. 이런 태도를 잃지 않을 때 우리의 능력은 온전히 발휘된다. 긍정적인 확신을 잃으면 아무리 재능이 뛰어나도, 그리고 목표가 분명해도 실패하고 만다.

이때 반드시 필요한 것이 있다. 자신의 말을 인내심 있게 들어주는 '자기와의 대화'다. 한 분야에서 뛰어난 성과를 거둔 사람들은 대부분 이런 과정을 거친다. 이루려는 목표를 분명히 인식하고, 할 수 있다는 믿음을 머릿속에 확실히 각인시키는 습관 말이다. 이를 실행 충동이라고 한다.

실행 충동은 도전 욕구와 모험정신을 치열하게 추구해야

생긴다. 그리하여 현재 상태에 만족하지 않고 행동에 나서고, 끈질기게 매달리고, 그때그때 성취감을 충족해나가야 한다.

심리학자들이 상담을 위해 자신의 방을 찾은 사람들의 말을 청취한 뒤에 꼭 하는 말이 있다.

"항상 자신감이 넘치고 행복한 사람인 것처럼 행동하십시오. 자기 자신에게 열심히 일하는 습관을 가르치기 위해 피곤해도 계속 일에 매달려 보십시오. 그리고 거기서 보람을 찾아보십시오. 그러면 확고한 뒷심이 생겨 이제까지의 지지부진한 삶과 작별한 기회를 잡게 될 것입니다."

물론 처음에 이런 말은 금방 와 닿지 않는다. 항상 자신감이 넘치고 행복한 사람인 것처럼 행동하면 위선자 같이 보여서 자기 자신에 대한 혐오감이 슬금슬금 치솟기 때문이다.

하지만 성공을 위해서는 습관의 독재에 굴복하지 말아야 한다. 그러니 악습의 바이러스가 머리를 어지럽히면 '너 따위와는 두 번 다시 상종하지 않겠다!'고 큰소리로 선언하라. 스스로 바람직하다고 믿는 행동을 고집스럽게 유지하라. 이런 습관이 인생의 무게를 줄이고 씩씩하게 발걸음을 옮기게 하는 여섯 번째 기술이다.

4장

육하원칙에
충실한 삶

불행의 원인은 자기가 만든다. 몸이 굽으니 그림자도 굽는 것처럼 말이다.
그런데 어찌 그림자만 탓할 것인가. 내 마음이 불행을 만드는 것처럼
불행이 나 자신을 만들 뿐이다. 따라서 나 자신만이 나를 치료할 수 있다.
마음을 평화롭게 하라. 그러면 당신의 삶도 평화롭고 환해질 것이다.

_ 파스칼Blaise Pascal

CHATPER
13

나만의 특별한
문제 해결법

인류는 오랜 세월 지구상에 던져진 문제들을 과학적인 사고를 통해 하나하나 해결하면서 여기까지 왔다. 나는 그 바탕에는 '5w1h'라고 부르는 육하원칙의 사고가 도사리고 있다고 생각한다.

육하원칙은 원래 보도문이나 기사문을 쓸 때 지켜야 하는 기본적인 원칙을 말한다. '누가who, 언제when, 어디서where, 무엇을what, 어떻게how, 왜why'로 이어지는 이 과정을 인간의 발전 역사에 적용해보면 그대로 딱딱 들어맞는다.

기술자들은 기계를 새로 만들 때 '누구에게, 언제, 어디서 무엇을 할 때' 필요한 기계인지를 분명히 하고 작업에 착수한다. 여기에도 쓰이고 저기에도 쓰이는 두루뭉술한 목적의 기계는 특별함이라는 정체성이 없기 때문에 언제든 다른 기계로 대체될 수 있다.

이는 기계에만 국한되지 않는다. 건축물, 발명품, 생활도구, 심지어 우리의 사고 습관과 행동 습관까지도 육하원칙의 울타리를 벗어나서는 제대로 성립되지 않는다.

무슨 문제가 생겼을 때 육하원칙을 우리 삶에 적용하면 의외로 쉽게 해결의 실마리를 찾을 수 있다.

맨 먼저 '무엇what'을 분석하라. 어떻게 생겨났는가? 왜 거기 있는가? 누가 거기에 영향을 미쳤는가? 어디로 가야 하는가? 그리고 언제 나타나는가? 이렇게 순차적으로 문제를 파악하고 정체를 찾아내게 되면 다음 단계에서 해답을 얻을 수 있게 된다.

예를 들어 난해한 문제를 해결해야 한다고 할 때 이런 순서로 생각해보자. 어떻게, 그리고 왜 행동해야 하는가? 누구로부터, 어디서부터 도움을 받을 것인가? 언제 첫 걸음을 뗄 것인가? 이런 과정을 거치다 보면 자연스럽게 이렇게 자문하게 될 것이다.

"왜 내가 이 일을 해야 하지? 누가 이 문제와 연관되어 있지? 그는 어디에 있지? 이 모든 것이 해결되면 언제 일을 진척시키면 될까?"

육하원칙 기법은 다양한 형태로 분화시켜 활용할 수 있는데, 활용 순서에 따로 정해진 원칙은 없다. 철학자는 왜에서 출발하여 어떻게를 거쳐 무엇에 이른다. 하나의 물음에 답을 찾기 전까지는 '누가, 어디서, 언제'는 신경 쓰지 않는다는 얘기다.

반면에 범인을 잡는 경찰은 사건 즉시 누구와 어디서, 그리고 언제를 파악한다. 경찰은 자신이 알아내려는 일에 진전을 이루기 전까지는 무엇과 어떻게, 그리고 왜는 일단 고려사항에 넣지 않는다.

능숙하게 문제를 해결하는 사람들은 중요한 일에 직면했을 때, 단지 머릿속으로만 그림을 그리지 않고 가시적인 수단을 동원해서 육하원칙에 따라 절차를 밟아 나간다.

대표적인 기법으로 '카드 활용법'이 있다. 나의 경우는 머릿속에 떠오른 생각들을 현실에서 다루기 쉽게 '인덱스 카드Index card'를 주로 쓴다. 그러면 문제들이 한눈에 들어오고, 생각의 흐름에 따라 카드 위치를 옮기면서 해답에 다가가기가 쉽다.

많은 사람들이 심리적인 압박감으로 인한 불안이나 걱정

을 안고 나를 찾아오는데, 개중에는 직업상 부담스러운 문제 때문에 찾아오는 사람도 있다. 그런데 그들은 오랫동안 무겁게만 느껴왔던 문제들을 내가 재빨리 정리하는 걸 보고 깜짝 놀라곤 한다.

어느 날 이름만 대면 누구나 알 만한 대기업의 CEO가 나를 찾아와 지난 몇 개월 동안 회사를 힘들게 하는 문제의 해결책을 찾아달라고 호소했다. 우리는 두 시간 동안 상황을 논의했는데, 불과 일주일 후에 내가 해법을 제시하자 그는 자신의 귀를 의심하며 머리를 흔들었다.

여기서 나의 문제 해결법을 소개하겠다. 나는 CEO가 말하는 내용과 내가 추론할 수 있는 내용을 담은 200장의 카드를 작성했다. 여기서 중요한 점은 하나의 카드에 하나의 요소나 생각만 담는다는 것이다.

그 다음 사무실 바닥에 최대한 논리적인 관계를 따져서 카드를 배열하는데, 키워드의 연관성에 따라 한 그룹으로 묶인 카드들이 질서정연하게 나열된다. 당연히 어떤 카드는 다른 위치로 옮겨지거나 아예 제거되고 다른 카드로 대체되기도 한다.

200장의 카드로 얼마나 많은 사실과 추론, 수치와 목표를 만들어낼 수 있는지는 아무도 모른다. 매번 카드를 이리저리 옮길 때마다 문제 해결을 위한 새로운 통찰이 드러나는 것도 아니다.

그러나 분명한 사실은, 그런 작업을 계속하다 보면 전체적인 상황이 한눈에 보이고 해결의 열쇠를 찾게 된다는 점이다. 즉, 기업의 CEO를 비롯한 당사자들이 저마다 머릿속에 담아두었던 문제들은 분류와 조합의 과정을 거치면 아주 단순한 몇 개의 카테고리로 나뉘게 된다는 뜻이다.

이렇게 카드를 활용해서 문제를 해결하려는 사유의 방법을 '자유연상법'이라고 부른다. 카드에 적힌 단어나 문장의 의미에 따라 그때그때 즉흥적으로 카드를 옮기는 과정에서 자유로운 연상이 가능하기 때문에 붙은 이름이다.

자유연상법에 따라 생각을 거듭하다 보면 서서히 문제의 이면에 도사린 것들이 얼굴을 드러내게 되고, '아, 회사에 이러저러한 문제들이 해결되지 못한 상태로 방치되다 보니 더 복잡한 문제로 발전했구나' 하는 깨달음에 이르게 된다.

이제 남은 일은 몇 개의 카테고리로 나뉜 카드들을 육하원칙에 따라 재배치하는 것이다. 그러면 CEO는 눈앞에 분명하게 드러난 정보들을 보며 비즈니스적인 판단을 내리기만 하면 된다.

다시 한 번 말하지만, 해결의 열쇠는 내가 만들어낸 것이 아니다. 카드를 육하원칙에 따라 나열하고 현실적인 해결 방안에 적용하는 절차가 그 일을 했다.

이 기법을 이해하고 적절히 활용하는 기술만 익히면 평범한 사람도 머리를 아프게 하는 복잡한 문제를 쉽게 해결할 수 있다. 온갖 종류의 필요에 따라 카드 활용법을 거의 무한대로 활용할 수 있기 때문이다.

눈치 빠른 독자들은 지금까지의 설명을 듣고 인덱스 카드를 통한 자유연상법이 의미하는 바를 금세 알아차렸을 것이다. 문제를 하나의 자루 안에 모아두면 대단히 무겁고 복잡하게 느껴지지만, 이를 풀어헤치고 눈앞에 일목요연하게 나열하면 의외로 쉽게 해결책을 찾을 수 있게 된다는 점을 말이다.

이렇게도 생각해볼 수 있다. 우리가 이런저런 걱정에 짓눌려 있을 때는 엄청난 무게에 압도되지만, 하나하나 눈앞에 꺼내놓고 나열해보면 사실은 몇 개 안 되는 걱정들이 서

로 뒤얽혀서 가지를 치고 뿌리를 내려서 무게를 더했다는
사실을 말이다.

　따라서 걱정이 일상을 훼방하며 머리를 어지럽게 하면
무엇보다 먼저 종이에 그것들 하나하나를 낱낱이 적어라.
뭐든 좋다. 현재 시점에서 마음을 흔드는 것들은 모조리 적
어라.
　그러다 보면 원래는 뿌리가 하나인데 서로 연관성이 있는
소소한 걱정들이 가지를 쳐서 판단을 흐리게 했다는 사실을
알게 될 것이다. 그것들을 하나의 카테고리 안에 집어넣고
해결책을 찾으면 의외로 쉽게 정답을 발견하게 될 것이다.
이것이 바로 내가 말하는 '5w1h' 방식의 사고법이고, 누구
라도 쉽게 일상에서 활용할 수 있는 자유연상법이다.

CHATPER
14

왜 진작 이 방법을
생각하지 못했을까?

육하원칙의 법칙은 비즈니스 분야처럼 복잡한 문제에만 적용되지 않는다. 나는 책이나 논문, 또는 강의 제목을 정하는 일에도 이 방법을 쓴다.

우선 제목으로 삼을 만한 모든 단어를 카드에 하나씩 적어 넣는다. 그 다음 합당한 제목이 정해질 때까지 카드의 위치를 계속 옮기며 새로운 문장을 지어낸다. 당신도 간단한 업무를 진행하면서 육하원칙의 법칙을 적용해보기 바란다. 예전과 다른 효율을 낳는 결과에 놀라게 될 것이다.

나는 일에서 이 절차보다 걱정과 부담을 확실하게 없애주는 방법을 알지 못한다. 그러니 어떤 상황에서 벗어날 길이 도저히 떠오르지 않는다면 카드 활용법을 떠올려라.

한 장의 카드에 문제와 관련된 하나의 사실, 하나의 생각,

하나의 요소를 적어라. 카드를 이리저리 옮기면서, 그것이 만들어낸 새로운 맥락이 어떤 의미를 지니는지 생각하라. 그것들 안에 당신의 문제를 해결해줄 중요한 메시지가 숨어 있을지 모르니 지치지 말고 실행해보기 바란다.

노슬리 부인은 10대 아들의 방탕한 행동에 속이 상할 대로 상해 있었다. 공부를 잘하지 못하는 아들은 불량한 친구들과 어울려 다니며 온갖 말썽을 피웠다.

밤늦도록 여자아이들과 어울리며 춤을 추고, 지레짐작이지만 마약에도 손을 대는 것 같았다. 이대로 방치하면 아들이 어떤 길로 빠져들지 불을 보듯 뻔한 상황이었다.

나는 그녀에게 카드 활용법을 알려주었고, 덕분에 그녀는 온갖 불길한 예감에 사로잡혀 불면의 밤을 보내는 대신에 카드에 자신이 아는 모든 사실을 적기로 했다.

나는 이때 적게 될 '무엇'은 현재 상황의 단순한 문제에만 국한되어서는 안 된다는 점을 강조했다. 상황을 파악하는 데 도움이 되는 모든 사실을 적어야 한다고 말했다.

예를 들어 노슬리 부인은 문제의 핵심에 자신이 도사리고 있을지 모른다고 생각해서 어린 시절의 자신을 돌아보았다. 그제야 그녀는 10대 시절의 자신에게도 거친 측면이 있었으며, 이것은 남편도 마찬가지였다는 사실을 알게 되었다.

10대 시절의 그녀 역시 방황과 반항으로 부모님의 속을 어지간히도 썩였다. 인정하기는 싫지만 아들이 현재 보이는 모습들은 어쩌면 부모의 기질을 타고난 것이 아닐까 하는 의문이 들었다.

그 다음은 아들의 부진한 성적과 관련된 문제들이 있었다. 아들은 공부를 좋아하지 않았고, 더구나 현재의 교육 시스템에 맞는 아이도 아니었다.

아들은 자연을 사랑해서 학교보다는 산으로 바다로 돌아다니는 것을 더 좋아했고, 기계 쪽에 관심이 많아서 어릴 때는 하루 종일 연장을 만지며 놀곤 했다. 게다가 아들이 다니는 학교가 라틴어와 고전을 강조하는 것도 문제였다. 아들의 입장에서 그런 수업은 한없이 지겨울 것이다.

노슬리 부인은 이런 상황을 제대로 이해하는 것이 아들의 문제를 해결하는 출발점이라는 사실을 깨닫게 되었다. 아들에게 타고난 적성을 살릴 수 있는 기회를 준다면 어떻게 될까? 아들이 진정으로 좋아하는 일을 하도록 환경 조건을 맞쥐준다면?

여기까지 생각이 미치자 노슬리 부인은 카드에 그에 맞는 활동들을 하나하나 적어나갔고, 그러자 문제 해결의 힌트들이 속속 모습을 드러냈다.

다음은 '왜'를 다룰 차례였다. 아들은 왜 그렇게 행동할까? 왜 차분하지 못할까? 왜 불량한 아이들과 어울릴까? 왜 여자아이들에게 과도한 관심을 기울일까? 그것들은 어쩌면 환경의 압박에 대한 반발심 때문에 일어나는 행동이 아닐까?

노슬리 부인은 어릴 때 자신에게 그랬던 것처럼 아들에게 라틴어가 아무 의미가 없다는 사실을 인정했다. 아들에게 필요한 것은 그 애가 정말로 좋아하는 것을 하도록 배려하고 이끌어주는 것이라는 사실도 인정했다.

노슬리 부인은 남편과의 관계를 생각해보았다. 미술에 관심이 많은 그녀는 지난 20년 동안 남편에게 초현실주의 작품에 대한 관심을 심어주려고 무진 애를 써봤지만 남편은 언제나 올빼미처럼 눈만 깜박이고 있었다.

하지만 그게 남편만 책망할 일인가? 스포츠를 좋아하는

남편이 농구나 연어 낚시 이야기를 할 때마다 귀를 막고 싶을 정도로 싫어하지 않았던가? 그러자 아들이 처한 딜레마에 연민과 동정심이 밀려왔다.

그렇다면 이 상황에 누가 관계되는가? 당연히 노슬리 부인과 남편, 그리고 고루한 전통을 고수하는 학교였다. 그리고 아들이 흠뻑 빠져 있는 밀리 퍼킨스라는 여자아이도 있었다.

밀리는 나쁜 소녀가 아니다. 노슬리 부인도 10대 시절에 남자아이들에게 빠지지 않았던가? 그게 자연스러운 일 아닌가? 어쩌면 밀리는 아들에게 좋은 영향을 미칠지도 모른다.

노슬리 부인은 처음으로 차분해지기 시작했다. 그녀는 마음속에 부담감이 사라지고 평온함이 깃드는 걸 느꼈다. 그녀는 카드 활용법에 계속 매달렸다.

이 상황에 관계된 다른 사람은 누구일까? 몇 명의 남자아이와 한두 명의 여자아이는 반항기에 그다지 좋은 친구가 아닐 수도 있다. 그들을 대신할 사람을 찾는다면, 그는 누구일까?

마침 노슬리 부인의 남동생이 시카고에서 기계공장을 운영하고 있었다. 멀리 떨어진 곳이기는 하지만 성실하고 정의로운 성격의 외삼촌이 조카에게 좋은 영향을 미치지 않을까?

노슬리 부인은 카드를 더 작성하면서 아들을 '어디'로 보낼지 고려했다. 집에서 가까운 도시에 새로운 기술학교가 지어지고 있다는 뉴스를 들은 적이 있다. 거기로 보내는 게 현명할까?

그렇게 '어디'와 '언제'가 맞물리기 시작했다. 아들을 새 학교로 보낸다면 언제 보내야 할까? 아무리 빨라도 여름방학이 끝나는 가을까지는 안 된다. 여름에는 어디로 보내면 될까? 외삼촌의 공장에서 일을 도울 수 있다. 그러다가 가을에 기술학교로 가면 된다.

노슬리 부인은 한꺼번에 생각했을 때는 산더미 같이 컸던 문제들이 실타래를 풀어내듯이 하나하나 나열해놓고 보니 전부 해결이 가능한 문제들로 보여 안도의 한숨을 쉬었다.

왜 진작 이 방법을 생각하지 못했을까? 그랬더라면 오랜 시간 어깨를 짓눌렀던 걱정과 부담을 덜 수 있었을 것이다.

노슬리 부인이 진작 이 방법을 생각하지 못한 이유는 효율적인 사고법을 몰랐기 때문이다. 대신 그녀의 생각은 쳇바퀴 안의 다람쥐처럼 제자리를 계속 맴돌 뿐이었다.

그녀는 아들이 더 이상 어린아이가 아니며, 어린 시절의 단순한 관심사에서 벗어났다는 사실을 인정하지 않았다. 아들이 당당한 성년의 남자가 되어 자신과 멀어졌다는 생각에 걱정과 불면에 시달리기만 했다.

노슬리 부인의 얼굴에 천천히 미소가 번졌다. 남편에게도 카드 활용법과 육하원칙 기법으로 사업에 도움을 받을 수 있다는 사실을 설명해줄 날이 올 것이다.

남편이 사업에서 많은 부담을 느끼는 모습을 자주 보았다. 남편도 이 방법을 활용하는 일에 흥미를 느낄까? 노슬리 부인은 남편이 자신의 말에 귀를 기울일지 궁금했다.

그러나 이 방법이 모든 사람에게 항상 성공적인 결과만 가져오는 것은 아니다. 나는 정신적인 문제로 고생하는 환자들에게 어떻게 노슬리 부인이 실행했던 효율적인 사고법을 활용하여 문제를 해결할 수 있는지를 계속 가르쳐왔다. 또한 이 방법이 어떤 혜택을 줄 수 있는지도 거듭 알려주었다.

그런데도 그들이 되는대로 생각하고 함부로 행동하는 습관을 깨고 단순하면서도 실용적인 방법을 통해 나름의 명료한 결론을 내리기 시작하는 데는 오랜 시간이 걸렸다.

다시 한 번 말하지만 이 방법을 능숙하게 활용하면 효율적으로 결과물을 손에 넣을 수 있다. 하지만 이 기술을 습득하려면 역시 오랜 시간에 걸친 반복 훈련이 필요하다.

그러다 한 번 성공을 맛보면 확신이 생겨 자꾸 반복하게 된다. 습관으로 고착이 되는 것이다. 논리 정연한 방식으로 사고하고 행동하는 법을 익히는 습관이 인생의 무게를 줄이고 편안하게 살아가는 일곱 번째 기술임을 잊지 마라.

CHATPER
15

무일푼으로 대저택을
사들인 이야기

여기서 내 친구 제이튼 해밀턴의 이야기를 들려주고 싶다. 10여 년 전 이야기다. 그는 온화한 기후에 널따란 해변, 울창한 숲, 그리고 눈 덮인 산을 볼 수 있는 곳에 아름다운 저택을 갖고 싶어 했다.

요트를 매어둘 정박장과 수영장, 온실, 그리고 불을 지필 커다란 벽난로가 있고 마당에는 장작을 충분히 쌓아놓으면 좋을 것이다. 아치형 유리창 너머로 파릇한 바다와 섬들이 보이고, 그 뒤로 이어진 흰 눈이 쌓인 산들은 마치 한 폭의 풍경화처럼 펼쳐질 것이다.

하지만 당시 그는 평범한 대학교수로 강의와 저술 작업을 하면서 네 식구가 살고 있는 작은 집 한 채를 가지고 있을 뿐 부자와는 거리가 먼 사람이었다. 그렇기 때문에 그런 꿈은 부질없는 희망에 불과했다.

여기에 억지로 돈을 더한다면 아버지가 남겨준 약간의 유산이 있으니 지금보다는 조금 좋은 집으로 이사할 수 있을 테지만, 그가 꿈꾸는 저택은 도저히 이루기 힘든 꿈이었다.

게다가 그런 꿈은 동화에서도 이뤄지기 힘들다. 남들이 보기에 그가 바라는 집은 궁전에 가까웠고, 주변 환경은 미술작품에나 등장할 법한 풍경이었다. 그렇기에 친구들은 그의 꿈을 비현실적이라며 웃어 넘겼다.

"정신 차려. 미국에 그렇게 완벽한 곳은 없어. 해변은 있을지 몰라도 눈 덮인 산이 같이 있는 곳은 없어. 게다가 너 같은 월급쟁이가 평생 동안 돈을 모아도 그런 집을 가질 수는 없어."

그런데 10년이 지난 지금 그는 결과적으로 그런 집에서 살고 있다. 100퍼센트 똑같지는 않아도 그가 꿈꾸었던 바로 그런 저택에서 살고 있다. 참 재미있게도 말이다. 물론 그 재미도 온전히 그의 것이다.

그는 지금 집 앞으로 펼쳐진 길이 2.5킬로미터에 달하는 아름다운 해변과 그 너머로 짙푸른 바다, 신록의 섬들, 그리고 눈 덮인 산들이 보이는 저택에서 살고 있다. 당연히 아치형 유리창에 커다란 벽난로도 있고, 그가 일하거나 쉴 수 있는 숲과 텃밭도 있다.

그는 어떻게 꿈을 이뤘을까? 꿈을 실현하기 위해 무슨 일을 했을까? 그는 무엇보다 먼저 그 자신은 물론이고, 주위 사람들에게도 자기의 열망을 적극적으로 알렸다.

맨 먼저는 그 자신을 설득하는 일이 중요했는데, 사실 그 일이 제일 힘들었다고 말한다. 그 자신이 누구보다 자금 사정과 형편을 잘 알고 있는데 그런 대저택이라니, 자기를 납득시키는 일이 제일 쉽지 않았던 것이다.

그 다음에는 주위 사람들에게 자신이 원하는 집에 대해 최대한 진지하게 반복해서 말했다. 처음엔 대부분 무슨 뚱딴지같은 소리냐고 비웃는 경우가 많았지만 시간이 지나자 그에게 해변과 산, 온화한 기후, 저택, 연어 낚시에 대해 말해주는 사람들이 늘어났다.

그는 시간이 날 때마다 자신의 오랜 꿈을 실현해줄 만한 곳을 찾아다니며 휴가를 보냈다. 처음엔 눈요깃감에 지나지 않았지만 그런 일을 하도 많이 반복하자 자신이 그런 집의 진짜 소유자인 것처럼 말하고 행동할 때가 많았다고 한다.

이런 행동 습관에 익숙하지 않은 사람은 머리를 갸웃거릴 것이다. 착각은 자유라는데, 자신의 것도 아닌 집을 보며 그런 기분에 빠지다니 무슨 의미가 있느냐고 비웃는 사람도 있을 것이다.

　그럼에도 그는 멈추지 않았다. 그러기는커녕 시간이 쌓이고 마음속의 열망이 거세질수록 언젠가는 그런 저택의 실제 소유자가 되리라는 확신이 한층 강해졌다.

　그러던 어느 날, 그는 오랫동안 머릿속에 담아두고 있던 그 집을 실제로 찾아냈다. 미국 대륙 북서부 지역의 시골마을에 있는 그 집은 서쪽으로는 태평양, 북쪽으로는 캐나다, 남쪽으로는 캘리포니아 주와 네바다 주에 인접하고, 동쪽으로는 로키산맥과 경계를 이루는 곳에 위치하고 있었다.

　널찍한 해변과 눈 덮인 산이 있는 곳, 심지어 아치형 유리창이 있고, 인근에 연어 낚시가 가능한 바다가 있었으니 그가 오랫동안 꿈꿔왔던 그런 집이 분명했다.

　주변에 알아보니 저택의 주인은 대도시에서 큰 기업을 운영하는 사람으로, 그 집을 별장으로 사용한다고 했다. 더구나 지은 지 얼마 되지 않아 주인이 설령 그 집을 판다고 해도 가격이 상당히 높을 것 같았다.

그는 그 집이 너무 갖고 싶어 그 지역의 부동산 중개인과 친해졌다. 중개인에게 오랫동안 꿈꿔온 집에 관해 이야기하자 그는 흥미진진하게 들어주었다. 부동산 중개인이 말했다. "당신의 열망이 이루어지기를 기도하겠습니다."

그로부터 2년이 지났다. 그동안 그는 그 마을을 열 번도 더 찾아갔을 것이다. 그때마다 그 집이 보이는 언덕에 올라 그곳에서 가족과 함께 여유롭게 지내는 자신의 모습을 상상하곤 했다.

아내와 둘이서 천천히 해변을 거닐거나 도시에 있는 친구들을 불러 연어 낚시를 하는 광경도 예외 없이 등장하는 그림이었다. 그럼에도 그 집이 자기 것이 되리라는 생각은 결코 하지 않았다. 너무 멀리 있는 것이기에 다만 꿈꿀 뿐······.

그런 어느 날 기적 같은 일이 일어났다. 그 집의 소유자가 갑자기 비즈니스 문제로 유럽으로 이주하게 되어 시세보다 매우 저렴하게, 그리고 최대한 빨리 집을 처분하려고 한다는 소식이 들린 것이다.

그동안 친하게 지내온 부동산 중개인은 마치 어떤 사건을 생중계하는 기자처럼 그에게 전후 사정을 숨차게 이야기하며 이렇게 덧붙였다.

　　"게다가 더 좋은 조건은, 워낙 급하게 유럽으로 이주하는 것이라 계약 후에 잔금은 일정 기간에 걸쳐 나누어 갚아도 된다고 합니다."

　　이렇게 일생에 한 번 찾아올까 말까 하는 행운이 그에게 손을 내밀었다. 모든 것은 일사천리로 진행되었고, 그 과정에서 부동산 중개인이 수고를 많이 했다. 도시에서 그가 살고 있던 집을 급히 처분하는 일에도 중개인의 네트워크가 가동되었다.

　　그것만이 아니었다. 중개인은 그 지역 금융회사에서 대출을 알아봐주는 동시에 그 저택의 소유자와는 최대한으로 장기간에 걸쳐 잔금을 상환할 수 있게 교섭해주었다.

　　이렇게 해서 그는 눈 깜짝할 사이에 오랫동안 바라던 집을 사들일 수 있었다. 그게 단지 운 때문이었을까? 소망이 실현되었을 때 부동산 중개인은 이렇게 말했다.

　　"사실 그 집이 워낙 싼값에 나왔기 때문에 얼마든지 구매

자를 찾을 수 있었고, 그게 아니라도 내가 직접 사들일 수도 있었어요. 하지만 당신이 그토록 바라던 집이니 당신에게 넘기지 않을 수 없었어요. 오직 당신만이 그 집을 소유할 자격이 있다고 생각했어요."

그 집을 사들인 뒤, 그는 주위 사람들로부터 고맙다는 말을 많이 들었다. 그 집의 소유자였던 사람은 그가 빨리 행동한 덕분에 가벼운 마음으로 이주할 수 있게 되었다며 감사 표시로 저택에 있던 몇 가지 중요한 설비와 물품을 선물했다. 모두가 행복한 결말이었다.

이 이야기에는 소수의 성공자들만이 이해하는 중요한 원칙이 숨어 있다. 뭔가 목표가 생겼다면 자신의 욕망을 절실하게 가슴에 새기고 실질적인 행동을 해야 한다는 것이다.

오랫동안 소망해온 일을 이루려면 마음속으로 꿈만 막연하게 꾼다든지 어중간하게 시도하는 것으로는 안 된다. 확실한 목표, 반복적인 상상, 그리고 열정 어린 행동이 수반되어야 한다.

열정은 무엇보다도 자기 자신에게 전염되어 몸의 일부가 된다. 저택을 소유하게 된 내 친구 제이튼 해밀턴은 행운을 누릴 자격이 있는 사람이다. 당신은 그렇게 살고 있는가?

인생은
동화가 아니다

심리학에 '적응 지점Adaptation point'이라는 말이 있다. 3개의 탁자가 줄지어 놓인 광경을 상상해보라. 가장 왼쪽에 있는 탁자에는 일상의 엄연한 현실이 놓인다. 가령 능력의 한계, 환경의 제약, 놓쳐버린 기회 등 악전고투했던 상황이 그것이다.

가장 오른쪽 탁자에는 동화 속 이야기 같은 것들이 놓인다. 예를 들어 지금까지 가졌던 모든 황금빛 비전, 어른이 되기 전까지 품었던 모든 계획과 꿈같은 것들이다.

이 탁자에 놓이는 욕망에는 한계가 없다. 기회가 넘치는 삶을 꿈꿀 수 있고, 돈을 비롯해서 무엇이든 갖고 있다고 생각할 수 있다. 한계가 없는 동화 같은 영역이기 때문이다.

이제 적응 지점이 될 중간 탁자로 관심을 돌리자. 우선 왼쪽 탁자와 오른쪽 탁자를 번갈아 바라보라. 각각 삶의 엄연한 현실과 동화 같은 꿈이 놓인 탁자들 말이다. 그런 다음 동화 같은 꿈을 이루기 위해 현실을 얼마나 극복하고 감당할 수 있는지를 살펴라. 여기서 중요한 일은 엄연한 현실과 채울 수 없는 욕망 사이에서 적응 지점을 찾는 노력이 당신에게 어울리는 미래를 개척할 힘과 지혜를 제공한다는 점이다.

하나의 탁자에 있는 뭔가를 이루기 위해 반대편 탁자에 있는 다른 것 하나를 포기하거나 채우는 노력이 뒤따라야 한다. 그러면 더 많은 꿈이 실현되면서 점차 삶의 많은 부분을 차지하게 될 것이다.

나는 한 사람의 심리학자가 되기까지 그런 식으로 살면서 어린 시절부터 마음속에 품었던 희망들을 이루어왔다. 어린 시절에 윌리엄 제임스 박사가 내게 들려주었던 말에 따라 심장이 하는 말에 귀를 기울이며 살아온 결과다.

물론 모든 게 한꺼번에 이루어진 건 아니지만 삶이 허락하는 한 최대한 빠르게 이루어져 왔다. 돌이켜보면, 나는 더 많은 열망이 실현될 때까지 가운데 적응 지점에 놓인 탁자 위에 있는 대상의 질과 양을 점차 늘려 왔다.

나의 적응 지점은 앞으로도 그렇게 평생 동안 계속 깊어지고 넓어져서 더 많은 꿈들로 채워질 것이다. 나와 마찬가지로 당신도 살면서 적응 지점의 원리를 적극 활용하면 내가 경험한 성취의 달콤함을 맛볼 수 있을 것이다.

여기서 말하는 적응 지점은 '완충지대'라는 말로 표현할 수도 있다. 꿈과 현실이 만나 적절하게 악수할 수 있는 지대 말이다. 이때 중요한 것은 현실에 비해 지나치게 과중한 목표를 세워 스스로를 피곤하게 하는 일이 없어야 한다는 것이다.

반면에 자기 능력을 과소평가해서 지나치게 작은 목표를 세우고 거기에 안주해도 안 된다. 사실은 후자 쪽이 더 많다. 자기 능력에 대한 지나치게 박한 평가로 스스로를 왜소하고 나약한 인간으로 평가하는 습관 말이다.

따라서 완충지대는 자신의 꿈에 맞춰 현재 위치보다 몇 단계 높은 곳에 두는 게 좋다. 가령 조금만 노력하면 이룰 수 있는 꿈이 있다고 치자. 그렇다면 그보다 몇 단계 위에 있는 무엇을 꿈꾸자.

1년 뒤에 어느 분야의 자격시험에 합격할 목표를 세웠다면 단지 그런 목표 달성에 그치지 말고, 이후의 삶도 당연한 듯이 준비하고 행동하라는 것이다. 앞서 나는 '꿈꾸고, 행동하고, 실현하라'고 했는데, 이제야말로 그렇게 살아야 할 때다.

모든 아이는 삶을 온몸으로 체험하려는 도전 충동에 이끌린다. 어린 시절엔 우리 모두 그랬다. 하지만 어른이 된 지금은 어떤가? 세상의 벽에 가로막혀 숱한 좌절을 맛보면서 도전의 의욕은 점점 꼬리를 감추고 말았다.

하지만 그것들이 연기처럼 완전히 사라진 건 아니다. 지금도 당신 안에 존재하니 되살려내어 다시 불을 피우면 된다. 어릴 적의 그 도전 충동을 끄집어내어 더 많은 열망을 이룰 수 있도록 삶을 새롭게 설계하라.

성공하는 비즈니스맨들에게는 공통점이 있다. 그들은 실행 가능한 구체적인 계획을 세우고, 그에 따라 움직인다. 그렇기에 마구잡이로 일하는 이들보다 성취의 가능성이 높다.

당신도 잠시 멈춰 서서 삶을 살펴보기 바란다. 앞에서도 누차 말했듯이, 당장 게으른 몽상과 목적 없는 꿈은 그만두고 펜과 종이를 들고 분명한 목록을 작성하여 적응 지점에 배치하라. 그때는 반드시 이런 물음이 뒤따라야 한다.

"무엇을 원하는가? 왜 원하는가? 어떻게 획득할 것인가? 누가 도움을 줄 수 있는가? 언제 행동에 나설 것인가?"

인생은 동화 속의 이야기가 아니다. 성공적인 삶은 엔진의 왕복기관 같은 구체적인 과학 원리에 따라 구축된다. 마음속에 단단히 새긴 목표를 단 한순간도 멈추지 말고 집요하게 매달려라. 그렇게 꿈과 행동을 함께 작동시키는 과정을 반복함으로써 당신의 삶은 더 큰 추진력을 얻게 될 것이다.

이 같은 반복 전략을 당신의 향후 10년에 관한 이야기를 쓰는 일에 활용할 수 있다. 누구나 지난 10년에 대한 자서전을 쓸 수 있지만, 앞으로 10년에 관해서는 확실하게 쓰기 어렵다.

그래도 당장 시작하라. 불가능한 꿈이라도 종이에 반복하여 적어라. 내 친구가 저택을 손에 넣을 수 있었던 것처럼, 반복하고 또 반복하며 그 꿈을 당신의 것으로 만들어라.

미래의 이야기를 생각하면, 나와 미래의 관계가 달라진다. 미래에 피동적인 인물이 되는 게 아니라 자기의 운명을 지휘하는 주도적인 사람이 될 수 있다는 것이다.

나는 성공자와 실패자를 가르는 기준은 그가 자기 운명을 주도적으로 이끄는 사람인지, 아닌지에 달려 있다고 생각한다. 매사를 타의에 의해서가 아니라 자기 의지에 따라 이끄는 태도, 타인의 말에 의해서가 아니라 자신의 의지에 따라 행동하고 결정하고 책임지는 태도, 바로 이런 습관이 인생의 무게를 줄일 수 있는 여덟 번째 기술이다.

5장

집요하게,
그러나 항상 웃으며

하루 중 가장 어두울 때는 해가 뜨기 직전이다.
몹시 힘들고 우울할 때는 이렇게 생각하자.
지금이 바로 해가 뜨기 직전이라고, 이제 곧 해가 떠올라
모든 것이 환하고 따스해질 것이라고.
그렇다, 우리가 굳이 애쓰지 않아도 모든 것이 좋아지게 되어 있다.

_ 윌 로저스 Will Rogers

나를 괴롭히는 문제들에
대처하는 법

하프 듀잉은 똑똑하지도 않고 돈도 많지 않은 남자였다. 사
랑하는 아내와 아이들을 편안하게 해주고 싶지만 아무리 노
력해도 별다른 진전이 없는 그냥 그런 인생의 반복에 지쳐
있기도 했다.

현실에 대한 불만과 장래에 대한 걱정으로 매일같이 무거
운 발걸음을 옮겨야 하는 그에게, 인생의 희망 같은 것은 없
어 보였다. 그렇게 아무 의미도 없는 나날을 보내고 있던 어
느 날, 회사가 그가 속한 팀에게 새로운 프로젝트를 맡기면
서 새로운 상황이 펼쳐지게 되었다.

눈코 뜰 새 없이 바쁜 나날이 지속되는 바람에 정신적으
로나 육체적으로 너무 지친 나머지 걱정할 기운조차 남아
있지 않게 되었던 것이다.

그렇게 6개월을 보내는 동안 언젠가부터 머리가 맑아졌

고, 새로운 용기와 희망이 생기면서 건강이 많이 개선되었다는 사실을 알게 되었다. 하프 듀잉은 이전과 달라진 건 아무것도 없는데도 이렇게나 마음이 편안해진 것을 믿을 수 없었다.

하지만 제삼자의 눈으로 볼 때 그 이유를 설명하기는 어렵지 않았다. 잡다한 고민에 휩싸여 있을 때 그의 몸은 한없이 무기력한 상태였다. 그런 상태에서 그를 고민에 빠뜨리는 문제들은 현실 이상의 무게감으로 다가와 그를 끝없이 괴롭혔던 것이다.

그러다 산더미 같은 업무에 쫓겨 바쁘게 움직이자 그동안 그를 괴롭혔던 크고 작은 고민들은 정해진 기간 내에 업무를 해결해야 한다는 압박에 모조리 뒷전으로 밀리고 말았다.

이를 생물학적으로 설명하면 더 이해하기 쉬울 것이다. 우리의 신체는 대부분 물로 구성되어 있다. 물은 고여 있으면 썩는다. 우리 몸도 마찬가지다.

피를 뇌로 보내 흐르게 하려면 행동이 필요하다. 행동하지 않고 지속하는 고민은 생각에 필요한 물질을 분비하는 내분비선의 활동을 억제한다. 하프 듀잉의 지난날은 잡다한 고민에 짓눌린 삶이 아니라 온갖 독성물질에 휩싸인 하루하루였다 해도 과언이 아니라는 얘기다.

삶의 문제에 대처할 때는 머리를 싸매고 고민하기보다는 계속 행동해야 한다는 원칙을 잊지 마라. 걱정거리가 있다면 가만히 누워 있지 마라. 차라리 밖으로 나가 친구를 만나 수다를 떨든지, 아이스크림을 사먹든지, 땅콩이라도 씹어라.

축 처진 상태로 우울한 기분에 빠져 있지만 않는다면 정신적 위협을 얼마든지 피할 수 있다. 그러니 울적한 기분과 용감하게 맞서 싸워라. 행동해야 할 때 하지 않는 사람은 반드시 행복한 사람들의 대열로부터 한참 뒤처지게 된다는 사실을 잊지 마라. 절대 문제를 회피하지 마라. 이것이 바로 목적의식이 이끄는 삶의 첫 번째 선택지다.

나는 젊은 시절에 아프리카에 가보겠다고 마음먹었지만 돈이 없었다. 하지만 나는 그 꿈을 단순히 마음속 바람만으로 그치지 않고 직접 행동에 옮기기로 했다.

나는 어느 날 수출품을 아프리카로 실어 나르는 선박회사를 찾아갔다. 관리자가 나를 올려다보며 무슨 일로 왔느냐고 물었다. 아프리카에 가고 싶어서 그런다고 대답하자 그가 빙긋 웃으며 대꾸했다.

"가고 싶은 사람들이야 많다네."

"그들과 제가 다른 점은, 저는 정말로 간다는 거죠."

나는 정말로 아프리카에 갔다. 그는 나에게 선박 안에 전용 사무실을 갖춘 야간감독 자리를 주었다. 나중에 관리자가 말하기를, 내가 대답한 말이 나를 채용한 이유라고 했다. 나의 뚜렷한 목적의식과 행동력이 그의 마음을 움직였던 것이다.

로닝 부인은 불행했다. 남편의 날카로운 신경증이 그녀의 삶을 나날이 상처 나게 만들고 있었다. 남편은 항상 우울한 채로 자기중심적인 생활 태도를 고집했고, 그녀는 자신을 대하는 남편의 칼날 같이 날카로운 태도 때문에 슬픔에 잠겨 살았다.

문제는, 그녀 역시 남편 못지않게 쿡쿡 찌르는 말로 남편을 대한다는 것이었다. 그러면 두 사람은 서로 폭발하듯이 비난의 말을 쏟아내며 싸우고 또 싸웠다.

하지만 그들은 속으로는 서로를 사랑하고 있었다. 그런 상황을 세상에서 가장 안타깝게 생각하는 사람들은 누구보다 그들 부부였다. 어찌해야 할까?

어느 날부터 로닝 부인은 남편을 괴롭히는 불안증과 그에 대응하는 자신의 태도를 진지하게 돌아보기 시작했다. 따지고 보면 두 사람의 싸움은 마치 에스컬레이터처럼 서로의 신경증과 분노를 상승시키는 작용을 하고 있었다. 그러니 누군가 한 사람이 먼저 인내하고 물러서면 얼마든지 잠재울 수 있는 일이었다.

문제의 근본에 어떤 문제가 도사리고 있는지를 깨닫자 그녀를 흔들어대던 심란한 기분이 가라앉았을 뿐만 아니라 남편의 정신 상태까지 변화되었다. 남편을 향한 차분한 대응이 마치 묘약처럼 강력한 효과를 발휘한 것이다.

그녀가 행동하지 않고 걱정과 불만에 사로잡혀 생각의 틀 안에 갇혀 있었다면 그들 부부는 어쩌면 평생 동안 원수처럼 으르렁거리며 살았을 것이다.

나를 괴롭히는 문제들에 아예 관심을 끊으라는 말이 아니다. 신경을 쓰되, 성숙한 자세를 취해야 한다. 감정적으로만 대응하는 태도에서 벗어나야만 마음의 평화를 누릴 수 있고, 바로 이런 자세가 차분한 마음과 균형 잡힌 신진대사의 토대가 된다.

CHATPER

18

나는 넘어질 때마다
일어서면서 배웠다

동계올림픽 장거리 스케이트 경기에서 금메달을 딴 청년에게 처음에 스케이트 타는 법을 어떻게 배웠느냐고 묻자 이렇게 대답했다.

"넘어질 때마다 일어서면서 배웠어요."

성공이란 그런 것이다. 실패할 때마다 일어서고, 쓰러져도 기어코 다시 일어서는 행동에서 성공은 온다. 그러니 불안할 때마다 더 멋지게 행동하는 모습을 생생하게 머릿속에 그려라. 그런 습관이 고착되면 불안은 더 이상 뇌에서 아무런 힘도 발휘하지 못한다.

이때 필요한 것이 '근성'이다. 근성의 사전적 의미는 '뿌리가 깊게 박혀 고치기 힘든 성질'인데, 이런 성질을 불안을 뛰어넘고 실패를 두려워하지 않는 마음가짐에 적용하라는 것이다.

나는 넘어질 때마다 일어서면서 인생을 배웠다

19세기 미국의 정치인 찰스 섬너Charles Sumner는 두려움을 극복하는 방법에 대해 이렇게 말했다.

"세 가지가 필요하다. 첫째는 근성이고, 둘째는 근성이며, 셋째도 근성이다."

근성을 기르고 싶다면 먼저 용기가 필요한 일을 계획하고 시도하라. 실패해도 계속하라. 소심한 태도에서 과감한 태도로 바뀌는 과정은 항상 시간이 걸린다. 그러니 얼마간의 퇴보나 추락이 있어도 낙담하지 마라. 부끄러워하지 마라. 다시 시도하라.

에디슨은 전구에 사용할 필라멘트를 찾기 위해 수백 가지의 물질들을 가지고 실험했다. 그 결과 공기 중에서 면사를 가열하면 얇은 두께의 순수한 탄소만 남는다는 사실을 발견했다.

에디슨은 탄소 필라멘트를 공기가 없는 유리 전구 안에서 전선과 연결했는데 1878년에 개량된 이 최초의 실용적인 전구는 다른 전구보다 아주 오랫동안 사용할 수 있었다. 그가 실패를 거듭할 때마다 외친 말은 이것이었다.

"하나도 되는 게 없네. 그렇다면 이제부터 다시 시작할 수 있겠어."

모든 노력이 수포로 돌아갔다는 사실을 기꺼이 받아들이고 새롭게 시작하려는 에디슨의 의지에서 우리는 무엇을 배워야 할까? 그의 용기는 자기 자신에게 충실하라는 신념에서 나왔다. 자신에게 용기를 품을 능력이 있는지 의심하는 것보다 멍청한 일은 없다.

어떻게 하면 에디슨의 정신을 배울 수 있을까? 에디슨은 잘 웃는 사람이었다. 실패의 두려움을 없애기 위해, 막상 실패했을 때는 좌절의 아픔을 극복하기 위해, 그는 웃고 또 웃었다. 당신도 그래야 한다. 웃는 습관이 자신을 격려하고 응원하는 수단이 되도록 만들어야 한다. 그리고 그 밑바탕에 반드시 근성이 도사리고 있어야 한다는 점도 잊지 말아야 한다.

프랭크 에반스는 사업 문제로 마음고생이 심했다. 어느 날 저녁 퇴근하고 집에 들어설 때, 아들이 급히 달려 나오다 넘어져서 다쳤다. 그런데도 아들은 혼자 툭툭 털고 일어나더니 갑자기 웃음을 터트렸다. 그가 아들에게 왜 웃는지 묻자 이런 답이 돌아왔다.

"안 울려고 그래."

아들이 보여준 뜻밖의 지혜에 자신의 평소 행동 습관에

문제가 있음을 깨달은 에반스는 한 가지 실험을 했다. 평소처럼 불안한 기분으로 집에 돌아오는 게 아니라 자신의 문제에 대한 농담으로 모두를 즐겁게 만드는 것이었다.

회사에 나가서도 그의 실험은 계속되었다. 사업의 어려움을 농담 삼아 시시덕거리자 영업 회의가 예전과 달리 유쾌한 분위기 속에 진행되었고 회사 전체에 웃음이 퍼졌다.

그때부터 놀라운 일이 생겼다. 직원들의 얼굴에 미소가 번지기 시작했고, 긍정적인 말로 회사의 비전을 얘기하는 사람이 늘어났다. 더 결정적으로는 회사의 변화를 느낀 고객들의 주문이 뒤따랐다는 점이다. 결국 에반스는 웃는 습관을 계기로 회사를 위기에서 구할 수 있었다.

두려운 기분이 들수록 웃어라. 문제가 심각할수록 웃음이 필요하다. 난관에 처했다고 해서 우울의 늪에 빠지지 마라.

아예 두려움이라곤 없는 무감각한 사람으로 살라는 뜻이 아니다. 두려움을 모르는 사람은 용감할 수 없다. 용기의 바탕에 여유로운 행동 습관이 있어야 한다는 뜻이다. 이 습관이 바로 인생의 무게를 줄이고 활기차게 살아가는 아홉 번째 기술이다.

CHATPER
19

거울 속의 그 사람에게
이렇게 말하라

아무리 시대가 발전해도 절대 변하지 않는 진리 중 하나는 더 나은 미래를 위해 과거의 실수로부터 배운 교훈을 적용할 수 있는 시간과 장소는 단 하나뿐이라는 것이다. 그것은 바로 '지금'이라는 이름의 현재 시점이다.

많은 사람들이 '지금 행동하라!'는 말을 대단한 진리로 받아들인다. 그렇다. 지금 행동하지 않으면 더 윤택한 미래는 결코 내 것이 될 수 없다. 그러니 지금 행동하기 위해 당장 발걸음을 떼어야 한다.

그러나 이 말은 신중한 계획보다 당장의 행동을 재촉한다는 데 문제가 있다. 우리를 무계획적으로 움직이게 만드는 이런 식의 충고를 따르면 자신도 모르게 조바심이 생겨 신중한 생각을 외면할 수 있다.

오늘은 과거로부터 시작된 잘못된 일들을 바로잡고 더 나은 내일을 준비하는 시간이다. 그러니 당장의 행동으로 결과를 얻는 일에만 집중하지 말고 어제의 잘못된 일에서 원인을 바로잡는 노력이 필요하다. 이를 심리학 문장으로 말하면 이렇다.

"지금 최선을 다할 수 있는 일에 마음을 집중하면 자연히 최선의 결과를 얻을 수 있다. 그러니 결과를 불안해하지 말고 좋은 일을 설계하고 착실히 이행하는 데 집중하라."

이런 충고는 너무나 당연한 말이어서 모두들 고개를 끄덕이며 동의하지만, 실제로 자기 삶에 적용하는 사람은 그리 많지 않다. 현재에 집중하고 노력하는 일에는 그만한 수고가 따르기 때문이다.

'시퀀스Sequence'라는 말이 있다. 이는 사고, 감정, 행동에 대한 설계나 계획을 질서 있게 배열하는 것을 말한다. 따라서 더 훌륭한 시퀀스를 창출해내려면 미래의 결과를 걱정할 필요가 없을 만큼 지금 이 순간에 집중해야 한다.

하지만 많은 사람에게 이 말은 틀린 것처럼 들린다. 삶에는 우리가 제어할 수 없는 힘들이 무수히 존재하기 때문에 아무리 착실하게 미래를 준비해도 어긋난 결과를 얻을 때가 많다.

예를 들어 '신의 영역'이라고 부르는 것이 있다. 지진, 허리케인, 가뭄, 홍수, 번개 같은 자연재해들 말이다. 당연히 이런 문제들은 우리 힘으로 제어할 수 없다. 어둠, 시간, 공간적인 문제도 우리가 간섭할 대상이 아니다. 우리가 대응해야 하는 대상은 이런 것들을 제외한다.

인간은 오랜 세월 동안 갖가지 도전과 실험을 통해 석기시대 사람들이 직면했던 삶의 난관들을 완화하거나 제거할 수 있었다. 따지고 보면 인간의 역사는 난관을 극복하고자 하는 열정이 만들어낸 발걸음인 셈이다.

이러한 과정이 오늘을 사는 우리에게 주는 교훈은 크고도 많다. 인간은 원래 무료한 삶에 따분함을 느끼는 경향이 있어 도전이나 모험을 좋아한다.

작게는 자기 삶의 진로를 막는 문제를 해결하고 더 나은 목표를 이루기 위해 무엇을 어떻게 할지, 왜 하는지 생각하는 일도 도전의 하나다. 그런데도 왜 현대를 살아가는 사람들은 행동을 두려워하고 더 나은 삶을 위한 도전을 외면하는 것일까? 세네카는 이런 말을 남겼다.

"사람은 자신의 운명을 스스로 만든다. 운명이란 외부에서 오는 것 같지만 알고 보면 자기의 약한 마음, 게으른 태도, 성급한 버릇, 이런 것들이 한 사람의 운명을 결정짓는다. 착한 마음, 부지런한 습관, 배려하는 정신, 이런 것들이야말로 훌륭한 운명을 여는 열쇠가 된다. 재미있지 않은가? 운명은 용기 있는 자 앞에서는 한없이 약하지만 비겁한 자 앞에서는 끝도 없이 강하다는 사실이 말이다."

독자들은 이 말의 핵심에 도사리고 있는 중요한 단어가 무엇인지 알아챌 것이다. 그것은 바로 '나 자신'이다. 자기 삶의 주인은 자기 자신이라는 정신자세가 바로 그 사람의 운명을 만든다는 얘기다.

《죽음에 이르는 병Sygdommen Til Doden》으로 유명한 철학자 키르케고르S. A. Kierkegaard는 이런 말을 남겼다.
"우리에게 제일 중요한 것은, 내가 무엇을 알아야 하는지가 아니라 내가 무엇을 해야 하는지를 뚜렷하게 정립하는 것이다. 우리 삶에 있어서 제일 중요한 문제는 나 자신을 아는 것이며, 세상이 내가 어떤 일을 하기를 진정으로 바라는지 아는 것이다. 그리고 내가 무엇을 위해 살고, 무엇을 위해 죽어야 하는지를 정확하게 아는 것이다."

키르케고르는 우리에게 이렇게 묻고 있다.

"당신은, 당신 자신을 얼마나 사랑하고 자랑스러워하는 가?"

나는 얼마 전에 한 여인으로부터 감동적인 이야기를 들었다. 그녀는 어린 시절 선물가게에서 사진을 넣는 액자를 구입했다고 한다. 계산대에 오자, 가게 주인이 웃으며 말했다.

"당신이 정말로 사랑하는 사람의 사진을 여기에 넣고, 그 사랑이 진실하다고 계속 말하세요."

그녀는 처음엔 남자친구의 사진을 넣었으나 이내 싫증이 났고, 그 다음엔 가족사진을 넣어두었지만 그마저도 얼마 못가 심드렁해졌다. 그래서 그녀는 다른 방법을 찾아냈다. 그녀는 이렇게 말했다.

"지금은 액자 안에 거울을 넣어두었답니다. 항상 남에게만 신경을 써왔지 정작 저 자신에게는 관심이 별로 없었거든요. 하지만 이제 알겠어요. 저 자신을 사랑할 사람은 저밖에 없다는 사실을……. 거울 속의 저 자신한테 계속 사랑한다고 말하자 어느 순간 저는 세상에서 가장 고귀한 사람이 되어 있었어요."

CHATPER

20

지금 내가
할 수 있는 최선

헤르만 헤세는 이런 말을 했다.

"사람이란 어느 누구도 두려워할 필요가 없다. 그럼에도 만일 우리가 누군가를 두려워한다면, 그것은 자신을 지배할 수 있는 힘을 그에게 내주었기 때문이다. 가령 당신이 어떤 악행을 저질렀는데 다른 사람이 그것을 알고 있다면, 그는 당신을 지배하는 힘을 갖게 되는 것처럼 말이다."

자신을 지배하지 못하는 사람의 비극에 대해서는 더 이상 설명이 필요하지 않을 것이다. 내가 상담했던 헨리 윌리라는 사람도 자신을 지배하지 못해서 오랫동안 고통스럽게 살아온 인물이었다.

그는 오래전부터 건강이 좋지 않았다. 의사들은 혈압이 너무 높아서 심장에 타격을 가할지 모른다고 걱정했다. 또

한 그는 심한 변비에 시달렸다. 내과 의사들은 말하기를, 이는 불규칙적인 식사 습관이 낳은 필연적인 결과로 습관을 고치지 않으면 더 심한 증상을 초래할 것이라고 했다.

그는 자동차 영업사원이기에 하루 종일 고객을 찾아다니며 동분서주하다 보니 식사를 제때에 할 수 없었다. 직업을 바꾸기 전에는 불규칙한 식사 습관을 바꾸기 어렵다는 얘기다.

게다가 그는 지나치게 긴장하는 버릇 탓에 주위 사람들로부터 함께 있는 것만으로도 불안하다는 말을 자주 들었다. 그가 그런 분위기를 만들 만한 잘못을 저지르거나 특별히 실수를 하는 것도 아닌데 사람들은 그렇게 느꼈다.

아내와 자녀들조차 그와 함께 있는 자리를 피할 정도로 극심한 신경쇠약 증세에 압도된 채 사는 그에게 편안한 삶이라든지 여유로운 시간 따위는 완전히 남의 이야기에 지나지 않았다.

그러다가 결국 그는 극심한 우울증으로 병원에 입원하게 되었다. 의사들은 그가 정신적으로 겪는 병증에 대해 우울증, 공황장애, 무력감 같은 이름을 갖다 붙이며 당장 입원해서 치료를 받지 않으면 매우 위험한 상황을 초래할 수 있다고 말했다.

그러나 이 일은 오히려 그에게 전화위복이 되었다. 그를
맡은 정신과 의사가 친절하고 유능한 여성이었기 때문이다.
그가 10대일 때 아버지가 돌아가셨는데, 성마른 어머니와
까다로운 성격의 누이들 셋은 그에게 여자가 말을 할 때는
참을성 있게 들어줘야 한다며 혹독하게 다루었다.

잔소리를 멈추지 않는 네 명의 여자들에 둘러싸인 채 성
장한 탓에 헨리는, 여의사를 상당히 우호적으로 받아들였다.
그렇게 병원생활이 시작되었다. 입원한 지 열흘 정도 지났
을 때, 그녀가 이런 말을 했다.

"당신은 지나치게 걱정이 많아요. 어렵게 꾸려나가는 회
사가 앞으로도 계속 좋아지지 않을까 봐 조바심을 내고 있
어요. 게다가 당신은 과거에 일어난 일들에 너무 집착하기
때문에 지금 당장 실행해야 하는 일에서 멀찌감치 떨어진
채 살고 있어요. 그런 상황이니 더 나은 미래를 위한 설계와
계획이 부실한 건 당연합니다. 지금 당신이 껴안고 있는 문
제들은 전부 그런 이유로 생긴 것입니다."

헨리는 어렸을 때 엄마에게 질문할 때와 똑같은 말투로

"그럼 어떻게 해야 할까요?"라고 물었다. 여의사가 말했다.

"이제부터라도 좋은 생각을 하기 위해서는 세 가지 단계를 밟아야 해요. 맨 먼저 기억을 되살려서 과거에 실패했던 일이 무엇인지, 어떻게 실패하게 되었는지, 왜 그 방식이 통하지 않았는지 떠올려보세요. 지난날의 실패에서 자신의 실수를 파악해내면 미래 계획을 세우는 데 매우 유용해요. 그게 첫 번째 단계예요."

헨리는 실패와 좌절로 점철된 과거를 떠올리는 일은 죽어도 싫었지만, 오늘만은 잠자코 앉아서 의사의 말에 따르고 싶었다. 그만큼 진지하게 설명하는 그녀에게서 거부하지 못할 카리스마를 느꼈기 때문이다. 그녀는 계속 말했다.

"당신은 상상력이 풍부한 사람이 분명해요."

"그걸 어떻게 아세요?"

"상상력이 없으면 그렇게 심하게 미래를 걱정할 수 없으니까요. 당신의 진짜 문제는 특유의 상상력을 활용해서 미래에 대처할 방법을 찾지 않고, 상상력이 불안에 굴복하게 만들었다는 데 있어요. 당신은 저와 대화하면서, 사업을 하면서 앞으로 닥칠지 모를 끔찍한 결과를 자주 상상한다고 말했어요. 아직 일어나지도 않은 일을 기정사실로 만들어서

지레 겁을 먹고, 없는 일을 만들어서 두려움에 떠는 모습을 보여주고 있어요."

헨리는 그녀의 말에 입을 다물었다. 그럴 수밖에 없었다. 구구절절 맞는 말이었기 때문이다.

"병원에 오기 전까지, 당신은 살아오면서 더 좋은 시퀀스를 설계하는 데 얼마나 관심을 기울였나요? 살면서 확고한 인생 전략을 세워야 하는데, 원하는 결과를 얻기 위해 얼마나 착실하게 준비하고 꾸준하게 실행했나요? 모든 문제의 핵심에는 그렇게 당신이 자기 자신에 대해 너무 모른다는 사실이 도사리고 있어요."

그는 너무 심약한 탓인지 그렇게 강하게 자신을 다그치면서 살지는 않았다. 헨리는 솔직히 고백하지 않을 수 없었다.

"선생님 말씀이 맞는 것 같아요. 지난 일의 무게에 짓눌려 앞으로의 삶을 걱정했고, 뭔가를 시도할 때도 두려움에 떨면서 추진했기 때문에 일을 엉망으로 만들곤 했어요."

그러다 보니 점점 자존감이 약해져서 다른 사람들과의 교분도 사라지고 점점 외톨이가 되어갔다고 그는 말했다. 모든 것이 악순환의 연속이 되어버렸던 것이다.

여의사는 이런 말로 오늘의 상담을 마무리했다.

"우리에게 제일 중요한 것은 지금 자신이 할 수 있는 최선을 다하는 것입니다. 그것이 모든 준비의 시작이고, 성공하는 삶의 기본입니다. 어제까지의 삶이 어찌 되었든 새로운 열정으로 다시 시작하면 되는 것입니다."

그렇다. 미래는 지금 이 순간부터 새롭게 마음먹은 발걸음에 의해 만들어진다. 지금 우리가 할 수 있는 최선이 앞으로 일어날 결과를 좌우한다. 매일같이 착실하게 미래를 꿈꾸고, 그것을 이룰 수 있다는 확신에 차서 발걸음을 내딛는 습관이 인생의 무게를 줄이고 씩씩하게 살아가는 열 번째 기술이다.

어느 모로 보나
나는 운이 좋다

사람들이 곤경에 처했던 과거를 떠올리며 보이는 태도를 관찰하면 우스운 장면을 볼 수 있다. 그들은 시간만 나면 살기가 힘들다고 투덜거리면서도 지난날의 고난들을 자기가 마치 즐겼던 것처럼 말한다.

전쟁터에서 살아 돌아온 병사는 생사의 기로에 놓였던 순간을 회상하면서 벼랑 끝에 몰렸던 그 순간을 마치 서커스의 한순간처럼 킬킬거리며 말한다.

그런가 하면 탐험가는 오지에 들어갔다가 길을 잃고 수백만 마리의 모기떼에 둘러싸여 지냈던 밤을 굉장한 모험담처럼 자랑한다. 마치 모기떼가 윙윙대던 소리만큼 감미로운 음악은 없었다는 듯이 말이다.

인간의 본성에는 삶이 무미건조해지면 드라마를 만들려

는 성향이 있다. 리처드 버드^{Richard Byrd}가 남극 탐험에 나섰을 때 수많은 사람들이 동행하고 싶다고 간청했다.

언제 어떻게 죽을지 모르는 거친 운명에 맞서서 자신의 힘과 지혜를 시험하고 싶어 하는 사람들이 그렇게나 많았던 것이다. 이처럼 운명에 도전하는 것은 인류의 오랜 특성이다. 그렇다면 인간의 본성에는 고난에 반응하는 요소가 따로 있는 게 아닐까?

공포와 불안으로 가득 찬 모험담을 읽는 일은 즐거움을 안긴다. 공포와 경악으로 점철된 도전을 담은 소설이 언제나 베스트셀러가 되는 이유는 그 때문이다.

우리는 사람이 거의 죽을 뻔한 이야기, 상어와 맞서 이겨 낸 이야기, 돌풍을 견딘 이야기를 좋아한다. 이것은 우리가 지닌 자연스런 감정일지 모른다.

그렇지만 막상 진짜 문제에 부딪히면 그런 태도를 유지하지 못한다. 오히려 이런 일을 겪어야 하다니 너무 끔찍하다며 치를 떤다. 그렇게 염두에 두었던 바람직한 도전의식은 잊어버리고 급속히 우울증에 빠지는 것이다.

그러면서 모두가 자신의 불행을 가엾게 여기기를 바란다.

얼마 전에 우리 집에서 키우는 고양이가 다리를 다쳤다. 다행히 심각한 상태는 아니어서 내가 집에 없을 때는 즐겁게 돌아다닌다. 그러다 내가 집에 돌아오면 엄청난 고통에 시달리는 것처럼 다리를 절며 보호를 원한다.

그 고양이처럼 자신에게 닥친 고난을 과장하는 것이 인간이 지닌 공통적인 습성이다. 분명한 사실은, 이런 습성이 슬픔을 견디는 데는 도움을 주지만 다른 한편으로 슬픔에서 벗어나지 못하도록 막는다는 단점이 있다는 것이다.

고대인들은 세 명의 운명의 여신을 섬겼다. 그들은 여신들이 운명을 관장하며, 그들의 뜻에 따라 행운이나 불운이 생긴다고 믿었다.

지금은 이런 믿음이 말도 안 된다는 사실을 우리는 안다. 그런데도 행운을 누리고 있는 누군가를 본 많은 사람들은 그의 성공이나 행복이 오직 운에 달린 것처럼 생각한다. 남의 행복은 그렇게 쉽게 행운으로 단정하면서 자신의 불행에 대해서는 불만에 찬 목소리로 저항하는 것이다.

로빈슨 크루소가 무인도에 혼자 난파당했을 때, 그는 보통사람이 겪을 수 있는 어떤 상황보다 두렵고 힘든 위기에 처했다. 그러나 그는 다음과 같이 긍정적 요소와 부정적 요소를 나누어 곤경을 분석했다.

- 부정적 요소 : 무인도에 난파되어 구조될 희망이 없다.
- 긍정적 요소 : 그래도 다른 동료들처럼 물에 빠져 죽지 않고 아직 살아남았다.

- 부정적 요소 : 온 세상으로부터 홀로 떨어져 있다.
- 긍정적 요소 : 그러나 나는 동료들로부터도 홀로 떨어진 덕분에 목숨을 건졌다. 어쩌면 나의 생명을 구해준 존재가 나를 여기서 구해줄지도 모른다.

- 부정적 요소 : 나는 실종 상태로 혼자 무인도에 있다.
- 긍정적 요소 : 그래도 음식이 없는 황무지에서 굶어 죽는 것보다는 낫다.

- 부정적 요소 : 입을 옷이 없다.
- 긍정적 요소 : 어차피 더운 곳이니 옷을 입을 일이 없다.

- 부정적 요소 : 맹수로부터 나를 지킬 방어수단이 없다.

- 긍정적 요소 : 여기는 아프리카 해안처럼 맹수들이 돌아다니지
  않는 섬이니 얼마나 다행인가?

- 부정적 요소 : 대화를 하거나 고통을 덜어줄 상대가 없다.
- 긍정적 요소 : 나에겐 신이 있으니 늘 대화할 수 있다.

그는 아무리 비참한 상황이라도 그것을 뛰어넘을 긍정적 요소를 찾고, 그렇게 얻어낸 희망에서 생존의 길을 찾을 수 있다는 결론에 이르렀다.

당신은 지금 로빈슨 크루소와 같은 절체절명의 위기에 놓여 있는가? 당신에게 필요한 것은 로빈슨 크루소가 최악의 상황에서도 손에 꽉 붙들고 있던 균형 감각이다.

이렇게 한번 생각해보자. 당신의 문제가 무대 위에서 상연 중이고 당신이 그것을 지켜보고 있는 관객이라면, 당신은 침착하고 객관적인 관점으로 문제를 바라볼 것이다. 그러면 마음을 어지럽히는 감정의 개입 없이 이성적으로 상황을 바라보고 일이 진행되는 양상을 제대로 파악할 수 있을 것이다.

그러니 이렇게 해보라. 당신을 괴롭히는 걱정의 내용들을

하나하나 적어서 연극처럼 3막 9장으로 나눈 다음 무대나 스크린에서 다양한 결말을 지닌 채 이야기가 진행된다고 상상하라. 감정의 개입 없이 그것을 바라보면 당신이 얼마나 초연한 자세를 취하게 되는지 알고 놀랄 것이다.

삶에는 누구에게나 평균의 법칙이 적용된다. 당신에게만 유독 혹독한 고난이 있는 것도 아니고, 지상 최고의 부자한 테만 유독 행운이 연속적으로 제공되는 것도 아니다.

이렇게도 말할 수 있다. 당신의 삶에 절망이나 고난이 절대 오지 않을 거라는 생각은 당신을 사정없이 갉아먹는 벌레 역할을 할 것이다. 반면에 재난의 가능성을 받아들이고 겸허하게 일상을 살아가면 삶의 다양한 변화에 걱정하지 않게 된다.

과거에 품었던 슬픈 예감이 얼마나 정확하게 당신을 공격했는지 생각해보라. 공격은커녕 그런 일이 일어난 적이 거의 없다는 사실을 알게 될 것이다. 물론 개중에는 예감이 현실이 된 적도 있겠지만 그럼에도 지금 여기 있으니 대부분 대수롭지 않은 일이었다. 그러니 어느 모로 보나 당신은 여전히 운이 좋다고 생각하라.

CHATPER

22

인생을 지배하는
불변의 법칙

걱정이 지닌 부정적 요소들은 우리가 마음의 문을 열고 허용할 때만 우리를 지배할 수 있다. 대부분의 다락방은 너저분하다. 걱정의 창고도 마찬가지다. 그러니 걱정이 당신의 마음에 자리 잡지 못하도록 항상 청소해둘 필요가 있다.

리드먼 부인은 히스테리에 걸렸다. 남편은 몸져누워 있다. 그녀는 남편이 곧 죽을 것이라고 생각했다. 벌써 몇 년째인가? 그녀는 직감적으로 남편의 수명이 다해간다는 사실을 알 것 같았다.

그녀는 너무도 무서운 생각에 잠을 이루지 못하는 날이 많았다. 몰래 남편이 있는 방으로 가서 아직도 숨을 쉬는지 몇 번이고 확인하고 또 확인했다. 어느 날, 의사가 그녀의 불안한 눈빛을 보고 이렇게 말했다.

"정작 치료받아야 할 환자는 당신인 것 같군요. 지나친 걱정으로 인해 몸이 몹시 상한 상태예요. 계속 이렇게 가다가는 신경쇠약에 걸려요."

그녀가 어두운 얼굴로 말했다.
"하지만 남편이 너무 아파요."
의사가 리드먼 부인의 얼굴을 뚫어져라 바라보며 말했다.
"어떻게 아시죠? 당신이 의사인가요? 작년에 아드님이 독감에 걸렸을 때도 심하게 걱정했잖아요. 재작년에는 부인이 온갖 상상을 하면서 불안해하는 바람에 가족들이 스트레스를 받다가 따님의 병이 재발되었죠. 남편께서는 단지 쇠약한 상태로, 그렇더라도 현재 빠르게 회복되고 있어요."
그렇게 말해도 걱정스러운 표정을 지우지 않는 리드먼 부인에게 의사가 말했다.
"당신의 불안감을 다스릴 처방을 찾아줄 테니 내일 병원으로 다시 오세요."
이튿날 병원을 찾은 리드먼 부인에게 의사는 '문제 체온계'라고 적힌 카드를 내밀며 이렇게 말했다.
"의사들은 체온으로 환자의 아픈 정도를 파악합니다. 당신도 이 카드의 내용을 일종의 체온계로 활용하세요. 제가 상태가 어느 정도인지 함께 확인할 겁니다."

'문제 체온계'의 내용은 다음과 같았다.

- 현재 상태 : 100% – 가망 없음

  80% – 심각함

  60% – 고질적임(나쁨)

  40% – 일시적임

  20% – 순간적임

  0

  20% – 괜찮음

  40% – 좋음

  60% – 아주 좋음

  80% – 탁월함

  100% – 완벽함

당신도 위에 적힌 내용의 문제 체온계를 사용해서 고통스러운 일이 생기면 나름의 온도를 체크해보기 바란다. 리드먼 부인의 경우, 아주 심각한 문제라도 냉정하게 평가하면 일시적이거나 순간적인 것에 지나지 않았으며, 심지어 조금만 참고 견디면 괜찮은 문제들이 많았다.

그만큼 자신의 걱정이 지나치게 과장되었으며, 그렇게 과장된 걱정들이 한꺼번에 마음의 다락방을 어지럽히고 있음을 알게 된 것이다. 당신도 리드먼 부인과 비슷한 성격이라면 당장 문제 체온계를 가지고 진단에 들어가기 바란다.

이런 식으로 자신이 걱정의 무게를 점검하게 되면 문제가 생각보다 크지 않으며, 오히려 문제에 대한 두려움의 그늘이 자신의 마음 전체를 지배하고 있다는 사실이라는 걸 알게 된다.

그러니 두려워하고 걱정하면서 마음을 앓기 전에 그것을 어떻게 건어낼지를 생각해보라. 문제 체온계를 활용하면 해결의 실마리를 찾기가 쉬울 것이다.

어려운 시기에도 걱정에만 빠지지 않고 도전의 용기를 내는 사람은 위기가 닥쳤을 때 그것을 뛰어넘을 준비가 되어 있다. 그러니 운명이 당신에게 맞선다는 생각이 들면 이렇게 말하라.

"지금은 힘들지만 상황이 바뀔 거야. 그때까지 현재에 대한 분노와 비관에 사로잡혀서 미래를 망치지 않겠어. 이 시기를 변화를 준비할 기회로 삼겠어."

이렇게 하면 상황이 얼마나 끔찍한지 생각하는 대신 난관
에서 벗어날 길을 궁리하게 된다.

세상만사는 우리에게 맞춰 움직이지 않는다. 그럴 리가
없지 않은가? 그런데도 삶의 속도가 자신에게 맞지 않다며
불평하는 사람들이 너무도 많다.

어떤 여성은 10초 만에 빵을 구우려다가 제대로 되지 않
아서 속상해하고, 어떤 기술자는 열흘 만에 대서양을 가로
지르는 케이블을 매설하려다가 실패해서 화를 낸다고 생각
해보라. 모든 일에는 시간이 필요하다. 그러니 원하는 일을
이루지 못해서 낙담하게 될 때는 이렇게 자문하라.

"내가 너무 빨리 이루려고 하는 것은 아닐까? 일을 가능
한 수준보다 너무 급히 밀어붙이고 있는 것은 아닐까?"

다섯 살 아이가 스무 살 청년처럼 성숙하기를 바라기 때
문에 걱정하는 어머니들이 수없이 많다. 어른에게나 요구할
법한 문제를 앞에 놓고 열등감에 시달리는 아이들이 수없이
많다.

세상의 모든 흐름은 나름의 리듬을 지닌다. 걱정에 시달
릴 때일수록 그 리듬을 원래의 흐름에서 벗어나게 한 것은

아닌지, 세상 모든 일에 깃든 변화의 속도를 받아들이려 한 것은 아닌지 돌아보기 바란다.

인생을 지배하는 불변의 법칙 중 하나는 성장의 기본 법칙을 따라야 한다는 것이다. 강아지는 1년 만에 다 자라지만 거대한 세쿼이아 나무는 1,000년을 자란다.

작은 일은 1시간 만에 할 수 있지만 중대한 일에는 1만 시간이 걸려도 마치지 못할 때가 있다. 이런 사실을 받아들이고 현실에 수긍하는 법을 배우는 일에 걱정과 불안을 해소하는 비결이 있다.

내가 아는 전기 작가는 사람들이 개인적인 삶에서 자제력을 발휘했더라면 훨씬 나은 모습을 보였을 거라며 이렇게 말했다.

"전기를 쓰려고 많은 사람들과 관련된 자료들을 오랫동안 수집해보니, 인간이 걱정 없이 산다는 건 애초에 불가능하다는 걸 알겠어요. 남들이 보기에 대단한 업적을 남긴 인물조차 숱한 걱정과 불안에 휩쓸려 살아왔다는 것도요."

그의 말을 듣고 내가 이렇게 물었다.

"사람들에게 조언하고 싶은 말이 있나요?"

그가 빙그레 웃으며 이렇게 대답했다.

"사람들은 누구나 오늘 있었던 일을 일기장에 남깁니다. 하지만 나는 내일, 일주일 뒤, 한 달 뒤, 더 나아가 앞으로 1년 뒤에 이루어질 자신의 삶을 상상해서 미래 일기를 써볼 것을 권합니다. 어제까지의 삶을 바탕으로 내일 일어날 일들을 생각한다면 각자에게 일어날 문제들을 피하기 위한 계획을 세우게 될 겁니다."

자신이 밟아나갈 미래의 일기를 쓰는 것, 당장 내일부터 무엇을 할지 꼼꼼히 생각하고 계획하여 준비하는 것, 이 습관이 바로 인생의 무게를 줄이고 마음 편히 살아가는 열한 번째 기술이다.

옮긴이 **김 태 훈**

중앙대학교 문예창작과를 졸업하고 전문 번역가로 활동하고 있다. 주요 역서로는
《어떻게 원하는 것을 얻는가》, 《그 개는 무엇을 보았나》, 《스티브 잡스 프레젠테이
션의 비밀》, 《달러제국의 몰락》, 《야성적 충동》, 《욕망의 경제학》, 《프리덤 라이터스
다이어리》 등이 있다.

나는 넘어질 때마다
일어서면서 인생을 배웠다

초판 1쇄 인쇄일 2019년 11월 26일
초판 1쇄 발행일 2019년 12월 02일

지은이	데이비드 시버리		
옮긴이	김태훈		
발행인	이승용		
주간	이미숙		
편집기획부	박지영 조준태	**디자인팀**	황아영 한혜주
마케팅부	송영우 김태운	**홍보전략팀**	김예진
경영지원팀	이루다 이소윤		

발행처	(주)홍익출판사
출판등록번호	제1-568호
출판등록	1987년 12월 1일
주소	[04043]서울 마포구 양화로 78-20(서교동 395-163)
대표전화	02-323-0421 **팩스** 02-337-0569
메일	editor@hongikbooks.com
홈페이지	www.hongikbooks.com
제작처	갑우문화사

파본은 본사나 구입하신 서점에서 교환하여 드립니다.
이 책의 내용은 저작권법의 보호를 받는 저작물이므로 무단 전재와 무단 복제를 금합니다.

ISBN 978-89-7065-782-0 (03180)

이 도서의 국립중앙도서관 출판예정도서목록(CIP)은
서지정보유통지원시스템 홈페이지(http://seoji.nl.go.kr)와
국가자료공동목록시스템(http://www.nl.go.kr/kolisnet)에서 이용하실 수 있습니다.
(CIP제어번호: CIP2019046772)

이 책은 《걱정 많은 당신이 씩씩하게 사는 법》의 개정판입니다.